Nina Kobelt und Silvia Schaub

111 Orte
rund um den Säntis,
die man gesehen
haben muss

emons:

Bibliografische Information der Deutschen Nationalbibliothek
Die Deutsche Nationalbibliothek verzeichnet diese Publikation
in der Deutschen Nationalbibliografie; detaillierte bibliografische
Daten sind im Internet über http://dnb.d-nb.de abrufbar.

© Emons Verlag GmbH
Alle Rechte vorbehalten
© der Fotografien: Nina Kobelt und Silvia Schaub, ausser:
Ort 6: Timbaer; Ort 21: Roothuus; Ort 44: Casa Claudia;
Ort 45: Ai Fame GmbH; Ort 46: Claudia Engler;
Ort 54: Werner Stauffacher; Ort 65: Panoramaherberge Alpenhof;
Ort 100: Toggenburg Bergbahnen AG
© Covermotiv: shutterstock.com/NKLRDVC
Layout: Eva Kraskes, nach einem Konzept
von Lübbeke | Naumann | Thoben
Kartografie: altancicek.design, www.altancicek.de
Kartenbasisinformationen aus Openstreetmap,
© OpenStreetMap-Mitwirkende, ODbL
Druck und Bindung: CPI – Clausen & Bosse, Leck
Printed in Germany 2019
ISBN 978-3-7408-0550-0
2. Auflage 2019

Unser Newsletter informiert Sie
regelmässig über Neues von emons:
Kostenlos bestellen unter
www.emons-verlag.de

Vorwort

Wo erklingt das schönste Echo? Warum fliegen Bienen zum Schiess-stand? Wo werden Seifenblasen zu Torten, wie kommt ein Dorfein-gang zu internationaler Berühmtheit? Und was haben diese Orte mit dem Säntis zu tun? Viel!

Der höchste Berg im Alpstein ist eine wichtige Wetterstation, ein Ostschweizer Gipfel, der den Blick auf sechs Länder freigibt, Namensgeber für einen Kanton, den es längst nicht mehr gibt: Der Säntis spielt so oft eine Hauptrolle. Für dieses Buch haben wir uns auf die Gegend rund um den 2.502 Meter hohen Berg konzentriert. Auf die Orte, an denen Gegensätze auf wundersame Weise zusam-menfinden – liebliche Hügellandschaften, schroffe Felswände, tief-blaue Bergseen und fröhliche Blumenwiesen. Und Menschen, die von dieser Bilderbuchregion geprägt worden sind. Hier leben in-novative Unternehmer, fingerfertige Handwerker und warmherzige Beizer. Das Appenzellerland und das Toggenburg haben seit jeher spannende Persönlichkeiten hervorgebracht – geniale Wissenschaf-ter, Überlebenskünstlerinnen und grosse Sportler. Auch sie haben ihre Spuren hinterlassen, an überraschenden, skurrilen oder einfach wunderschönen Orten.

Zu zweit sind wir in diese faszinierende Welt rund um den Säntis eingetaucht – mit unterschiedlichen Sichtweisen. Einerseits mit dem manchmal verklärten Blick der Einheimischen Nina Kobelt, die die Gegend zwar verlassen, aber nie vergessen hat (und deshalb immer wieder zurückkehrt), andererseits mit der Neugier, die jemand mit-bringt, der zuzieht: Silvia Schaub lebt seit 2015 mehrere Monate im Jahr in einem alten Toggenburger Haus.

Es gibt unzählige aussergewöhnliche, abenteuerliche Orte rund um den Säntis. Hier stellen wir Ihnen unsere 111 Favoriten vor.

Nina Kobelt und Silvia Schaub

111 Orte

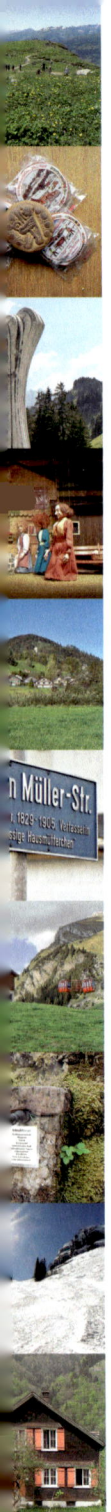

1— Die Akropolis

Burg Clanx mit Säntisblick

Griechische Tempel im Appenzellerland? Nein, natürlich nicht. Die Ruine Clanx auf einer Hügelkuppe wird Akropolis genannt, weil ein Teil der Ringmauer mit einem Tor frech vorsteht, zumindest wenn man sie vom Hauptort aus betrachtet. Wahrhaftig ein Wahrzeichen, und ausserdem heisst «Akropolis» ja Burgberg, und das passt ganz gut. Oder müsste es Götterberg heissen? Denn göttlich ist die Aussicht von der Clanx aus ganz bestimmt.

Viele Wege führen dorthin, doch am einfachsten ist die Ruine von der Haltestelle Sammelplatz aus zu erreichen, es geht von dort nicht so steil bergauf. Oben angekommen, scheint die Alpsteinkette zum Greifen nah, je nach Wetter, und das Dorf sieht aus wie eine lustige Modelleisenbahnlandschaft (mitsamt dem Bähnchen, das sich dann und wann zwischen den Häusern hindurch- und dann die Hügel hochschlängelt).

Auf der Clanx von Burg zu reden wäre verwegen, es sind, ehrlicherweise, nur ein paar Steine übrig geblieben sowie Reste des Turms und der Ringmauer mit dem Torbogen.

Anfang des 13. Jahrhunderts war die Burg durch die Freiherren von Sax erbaut und kurz darauf ein erstes Mal zerstört worden. Dann wurde sie wieder aufgebaut durch den Abt von St. Gallen, bis 1402 endgültig Schluss war: Die aufsässigen Appenzeller legten sie in Schutt und Asche und lösten damit die Appenzeller Freiheitskriege aus. Die Kraft (und Lust!), die Burg wiederherzustellen, hatte niemand.

Der Idealismus, der damals fehlte, war – Achtung, jetzt gibt es einen riesigen Zeitsprung! – 2003 mehr als genug vorhanden, und zwar bei den jungen Appenzellern, die das Clanx Festival gründeten. Ein Alternativfestival sollte es werden, nicht so gross und teuer wie die üblichen Musikevents. Heute kommen jährlich über 1.000 Leute her, und ausserdem ist das Festival weiterhum für sein gutes Essen bekannt.

Adresse Ruine Clanx, 9050 Appenzell | **Anfahrt** Von der Brauerei Locher aus führt ein beschilderter Weg bis Vorderleh und dann hinauf zur Ruine. Alternativ kann man von Appenzell bis Sammelplatz fahren und dort über die Lehnstrasse und Mendleweid zur Ruine gehen. | **Tipp** Was ausserhalb der Burg in den letzten Jahrhunderten lief im Appenzellerland, ist im Museum Appenzell zu sehen. Was für ein Abenteuer, durch die Dauerausstellung zu laufen (www.museum.ai.ch)!

2__ Das Büdeli

Kuhgürtel für Musiker und Politiker

In der rechten Hand hält er das Punzeisen, in der linken den Hammer – dann geht's los: Tock, tock, tock, tock, tock, tock, tock. Mit sieben feinen Hammerschlägen bearbeitet Roger Dörig das Silber-Chüeli, das vor ihm auf der Platte liegt. Nicht grob und kraftvoll, sondern fast liebevoll. Gleichzeitig schiebt er mit dem Ringfinger den Eisenstift weiter, sodass eine Serie von Kerben entsteht. Und schon holt er wieder aus: Tock, tock, tock, tock, tock, tock, tock …

Die Werkstatt von Roger Dörig sieht aus wie ein Heimatmuseum. Seit mehr als 130 Jahren hat sich kaum etwas verändert. So lange bereits wird in dieser Sennensattlerei dem inzwischen seltenen Handwerk des Ziselierens nachgegangen. In vierter Generation führt er die Werkstatt im Zentrum von Appenzell. In den heimeligen Räumen riecht es nach frischem Leder. An den Wänden und selbst an der Decke hängen zwischen allerlei Werkzeug metallbeschlagene Lederwaren: Hosenträger, Uhrenketten, Schuhschnallen, Sennenringe für die Appenzeller Männertracht, Lindauerli (Tabakpfeife), bestickte Schellenriemen für die Kühe sowie Gürtel und Schlüsselanhänger für die Touristen.

«Meine Arbeiten sollen in der Tradition verwurzelt bleiben. Aber ich möchte das Handwerk auch in die Zukunft führen, damit es nicht ausstirbt», sagt der Appenzeller. Von dieser Aufgabe ist Roger Dörig beseelt, seit er das «Büdeli» 1994 übernommen hat. Heute gibt es nur noch eine Handvoll Ziseleure in der Ostschweiz, die das Kunsthandwerk aus dem 18. Jahrhundert nach alter Sitte beherrschen.

Ein bisschen Stolz bricht durch, wenn der Kunsthandwerker von seinen Kunden erzählt: von Wolfgang Niedecken etwa, dem Sänger der Kölner Kultband BAP, der extra sein «Büdeli» aufgesucht hat, um für seine Gitarre einen Chüeligööd (Kuhgurt) zu bestellen. Die Liste von Prominenten, die ein Stück von Dörig besitzen, ist lang. Persönlich vorbeigekommen sind aber nicht alle. Auch Russlands Präsident Putin nicht.

Adresse Roger Dörig, Poststrasse 6, 9050 Appenzell, www.myappenzell.com | **Anfahrt** ab Bahnhof Appenzell zu Fuss via Bankgasse auf die Poststrasse | **Öffnungszeiten** Do 13.30–18 Uhr, Sa 9–12 und 13.30–16 Uhr | **Tipp** Wer noch mehr Handwerk hautnah erleben will, geht im Zunfthaus zu Appenzell an der Poststrasse 8 vorbei. Dort arbeiten Künstler, Handwerker und Gewerbetreibende unter einem Dach (www.zunfthausappenzell.ch).

3 Die Flauderei

Schmetterlinge im Bauch

Der Laden passt perfekt in die Hauptgasse von Appenzell. Neben all den Confiserien und kleinen Boutiquen, die Traditionelles verkaufen. Und doch ist er anders. Setzt man den Fuss über die Schwelle der Nummer 21, wird man von dezentem Vogelgezwitscher und feinen Düften empfangen – und landet direkt in der Zauberwelt der «Flauderei». Opulente Pflanzenmotive und barocke Elemente zieren die Wände, verspielte Riesenlampen hängen von der Decke. Im 30 Meter langen, schmalen Concept Store der Goba Mineralquelle und Manufaktur werden – natürlich – die hauseigenen Mineralwässer, Limonaden und von Hand hergestellten Liköre und Bitter, Konfitüren und Fruchtgelees, Tees und Sirups angeboten. Dazu kleine Kunstwerke und andere «Sachesächeli».

In einer ehemaligen Metzgerei hat sich das Unternehmen aus Gontenbad, das seit der Lancierung der Limonade «Flauder» (der Name stammt vom Wort Flickflauder, dem Innerrhoder Dialektausdruck für Schmetterling) weit über das Appenzell hinaus in vieler Munde ist, eine bezaubernde Erlebniswelt geschaffen. «Die ‹Flauderei› ist unser Leuchtturm. Sie hilft uns, den Sternenstaub für die Leute sichtbar zu machen», bekräftigt Gabriela Manser, Geschäftsführerin der kleinen Mineralquelle.

Der Spaziergang durch die verschiedenen Raumkabinette führt vom Eingangsbereich über einen schmalen Gang zur «Plauderei», dem Herzstück des Ladens. Hier, an der Bar, kann degustiert, gekauft und eben auch geplaudert werden. Ein Durchgang mit einer Fensterfront zum Kräutergärtchen führt weiter zum Leseraum am Ende des Shops.

Der Höhepunkt ist eine Nische von gerade mal ein auf zwei Metern, in der auf der Tapete ganz viele Flickflauder zum Träumen einladen. Das ist definitiv eine andere Welt – und lässt einen das von Gabriela Manser geschriebene Märchen «S'Wonder vom Alpstein» mit allen Sinnen erleben. Einfach flauderhaft!

Adresse Flauderei, Hauptgasse 21, 9050 Appenzell, www.flauderei.ch | **Anfahrt** von Hundwil auf der Hargarten und der Enggenhüttenstrasse bis Appenzell | **Öffnungszeiten** Mo 13.30–18.30 Uhr, Di–Fr 10–12 und 13.30–18.30 Uhr, Sa 9–17 Uhr, So 11–17 Uhr | **Tipp** Wenn man schon mal hier ist: In der Hauptgasse von Appenzell mit wunderschön bemalten Fassaden, verträumten Ecken und vielen Läden kommt man aus dem Staunen gar nicht mehr heraus.

4 Die Kräuterkammer

Auf der Spur des Appenzeller Alpenbitters

Hacker hätten hier keinen Erfolg. Trotz modernster Infrastruktur taucht die Rezeptur des legendären Appenzeller Alpenbitters nirgendwo auf, selbst in der internen Software des Appenzeller Unternehmens nicht. Das handschriftliche Rezept liegt stattdessen – typisch schweizerisch – sicher verwahrt in einem Banksafe. Mehr oder weniger in der Fassung, wie sie Firmengründer Emil Ebneter anno 1902 niedergeschrieben hatte. Nur zwei Menschen auf der Welt – sie müssen aus der Gründerfamilie stammen – kennen die exakte Zusammensetzung der 42 Kräutersorten, die es für den bernsteinfarbigen Likör braucht. Geheim ist nicht, was drin ist. Geheim ist, in welchen Mengen die einzelnen Kräuter abgemischt werden. Und das soll weiterhin ein gut gehütetes Geheimnis bleiben – wie übrigens auch die Kräutersulz-Rezeptur für den Appenzeller Käse, die ebenfalls von dieser Firma hergestellt wird.

Würziger, leicht süsslicher Duft umhüllt die Nase in den Produktionshallen. Nur ein paar wenige Mitarbeiter trifft man zwischen den Tanks und Bottichen bei der Arbeit an. Trotzdem läuft die Produktion auf Hochtouren. Die eigentliche Arbeit verrichtet die Zeit. Sieben Destillate und Mazerate (Auszüge aus Kräutern) werden so hergestellt, dann zu Halbfabrikaten verarbeitet und schliesslich zum Endprodukt zusammengemischt. Der Prozess, bis die Kräuter in der Flasche sind, dauert rund ein halbes Jahr.

Und dann steht man endlich in der Kräuterkammer, die dem Publikum offensteht. Hinter der reich bemalten Tür sind all die 42 Kräuter, Blüten, Wurzeln und Gewürze gelagert – wie Anis, Lavendel, Kamille, Zitronenmelisse oder Bitterorangen. Was für ein Duft-Cocktail! Nur eine Tür bleibt verschlossen: die zur echten Kräuterkammer. Etwas Geheimniskrämerei darf schon sein. Vielleicht ist der Appenzeller Alpenbitter auch deshalb eine der meistverkauften Spirituosen der Schweiz. Er tut ja auch gut – nicht nur bei Bauchbeschwerden.

Adresse Appenzeller Alpenbitter AG, Weissbadstrasse 27, 9050 Appenzell, www.appenzeller.com | **Anfahrt** von Herisau 2 Kilometer Route 8, dann links abbiegen auf Hundwilerstrasse und der Hauptstrasse folgen bis Appenzell, auf der Umfahrungsstrasse im 2. Kreisel 1. Ausfahrt auf Gaiserstrasse, dieser folgend bis Weissbadstrasse | **Öffnungszeiten** öffentliche Führungen von April–Okt. jeden Mittwoch um 10 Uhr, für Gruppen ab 10 Personen ganzjährig auf Voranmeldung, Tel. 071/7883788 | **Tipp** In der Nähe des Bahnhofs steht das von den Architekten Annette Gigon und Mike Guyer erbaute Kunstmuseum Appenzell. Einst beherbergte es vor allem Werke von Carl August Liner und Carl Walter Liner, heute vornehmlich Kunst des 20. Jahrhunderts und der Gegenwart (www.kunstmuseumappenzell.ch).

5 Die Landsgemeinde-Linde

Götterbaum und Frauenversteher

Etwas verschupft steht die Linde zwischen den geparkten Autos auf dem Landsgemeindeplatz. Doch einmal im Jahr hat sie ihren grossen Auftritt: an der Landsgemeinde, die jeweils am letzten Aprilsonntag tagt. Dann ist sie mitten im Geschehen – während um sie herum der feierliche Aufzug aus Standeskommission, Kantonsgericht und Ehrengästen erfolgt. Und auch wenn die Stimmberechtigten per Handerheben die anstehenden Geschäfte verabschieden.

Eine Linde steht schon seit dem 15. Jahrhundert auf diesem Platz. Damals wurde an Sonntagen hier getanzt. Es war aber auch der Platz, wo oftmals das Gericht tagte und – urkundlich belegt seit 1403 – eine Landsgemeinde stattfand. Dass gerade diese Baumart hier steht, hat damit zu tun, dass Linden als Sitz der Götter angesehen wurden und angeblich eine Seele haben.

Die Linde von heute ist freilich nicht mehr die von damals. 1852 soll die 300 Jahre alte Linde umgestürzt sein. An ihrer Stelle pflanzte der bayrische Förster Thaddäus Seif eine neue. Die Teerung des Platzes 1961 setzte dieser aber so zu, dass sie 1990 letztlich gefällt werden musste.

Vielleicht aber hatten auch die Götter ihre Finger im Spiel und zeigten mit dem Verkümmern ihres Baums, wie wenig ihnen die abermalige Ablehnung des Frauenstimmrechts im gleichen Jahr gefiel. Am 21. November 1990 wurde eine neue Linde gepflanzt, nicht zufällig an diesem Tag: «Es war zunehmender Mond, eine günstige Phase, um Bäume zu pflanzen», erklärt Oberförster Albert Elmiger. Nur sechs Tage später gab das Bundesgericht einer Klage von Frauen aus dem Kanton Appenzell Innerrhoden recht und bestätigte damit die Verfassungswidrigkeit der Kantonsverfassung in diesem Punkt. So musste Appenzell Innerrhoden als letzter Kanton der Schweiz das Stimmrecht für Frauen auf kantonaler Ebene einführen – entgegen dem Mehrheitsentscheid der Männer. Die neue Linde scheint damit zufrieden zu sein: Sie gedeiht prächtig.

Adresse Landsgemeindeplatz, 9050 Appenzell | **Anfahrt** von Hundwil über den Hargarten und die Enggenhüttenstrasse bis Appenzell Landsgemeindeplatz | **Tipp** Wer in der «Landsgmendstobe» im Romantik Hotel Säntis am Landsgemeindeplatz einkehrt, kann nicht nur typische Appenzeller Spezialitäten wie Siedwurst, Sennenrösti oder Bölleflade kosten, sondern hat bei der Landsgemeinde auch einen Logenplatz (www.saentis-appenzell.ch).

6 Die Skimanufaktur

Das Geheimnis von Timbaer

Anfang des letzten Jahrhunderts gab es im Kanton Appenzell Ausserrhoden eine Skimarke namens Alpstein. Sie stellte Skis aus Eschenholz her, genauso wie ihre Konkurrenz im Toggenburg mit den Marken «Säntis» und «Toggenburg». Heute sind die kleinen Skimanufakturen aus der Gegend verschwunden – mit einer Ausnahme: Im Untergeschoss einer Innenausbaufirma in Appenzell schreinern zwei Freunde jährlich an die 300 Alpinskis. Alles Unikate, natürlich.

Man könnte die Geschichte von Timbaer, so heisst ihre Marke, auch so umschreiben: Zwei Schreiner, drei Leidenschaften. Andreas Dobler und Dano Waldburger vereinen mit der Firma einen Bubentraum (den eigenen Ski zu bauen), das Fachwissen, das sie dank ihres Berufs mitbringen, und ihre langjährige Erfahrung aus dem Skirennsport. Denn natürlich sind beide Rennen gefahren, früher. Der erste selbst gebaute Ski war gleichzeitig die Lehrabschlussarbeit von Andreas Dobler. Heute hängen an den Wänden der Werkstatt zwar Autogrammkarten von Skirennfahrern, doch entstehen hier ausschliesslich Bretter für Hobbyfahrer, unter anderem mit Hilfe der selbst gebauten Skipresse. Und wie schön diese Skis aussehen! Das Design Apfelbaum etwa, mit seinem rötlich hellbraunen Holz, strahlt ganz viel Natürlichkeit aus. Smoked Elm, die Skis aus Ulme, punkten mit einem dunklen, fast wilden Holzmuster. Und die beliebtesten Skis, jene mit dem Eichenbelag, verströmen urchigen, behäbigen Charme.

Alle Holzarten, die Dobler und Waldburger für ihre Skis verwenden, wachsen in der Schweiz, das Holz beziehen sie bei einem Händler aus der Umgebung. Das macht ihre Skis zu ökologischen Stars, denn die Latten bestehen nicht nur aus hiesigem Material, sondern werden auch hundertprozentig in Appenzell hergestellt. Was ja schon aus dem Namen herauszulesen ist: Timbaer setzt sich aus dem englischen Wort «timber» (ein Überbegriff für Holzarbeiten) und dem Appenzeller Wappentier, dem Bären, zusammen.

Adresse Skimanufaktur, Zielstrasse 34, 9050 Appenzell | **Anfahrt** beim Kreisel bei der Migros Richtung Zentrum, links auf Parkplatz Zielstrasse | **Öffnungszeiten** nur auf Voranmeldung, www.timbaer.ch | **Tipp** Die Kunsthalle Ziegelhütte ist ein Kulturzentrum in Appenzell mit Museum, Café und Konzertsaal (und einem begehbaren Ziegelei-Brennofen aus dem 16. Jahrhundert). Neben Ausstellungen zu den beiden Appenzeller Malern Carl August Liner und dessen Sohn Carl Walter Liner zeigt die Kunsthalle Kunst des 20. und 21. Jahrhunderts (www.h-gebertka.ch).

7_ Die Wettermacher

Damit man nie im Regen steht

Mit Bauernregeln oder der Analyse von Ameisenhaufen muss man Joachim Schug nicht kommen. Da winkt der Wetterprofi bei der MeteoGroup Schweiz AG ab. Er verlässt sich bei den Wetterprognosen lieber auf Computer-Modelle. In der Weatherfactory am Hirschberg oberhalb von Appenzell flimmern Satellitenbilder, Daten von den Messstationen und Wetterberechnungen rund um die Uhr über diverse Bildschirme. «Erst die Kombination aus verschiedenen Modellen führt zu einer genauen Prognose», erklärt er. Dazu kann die MeteoGroup in der Schweiz auf ein eigenes Messnetz mit 1.300 Stationen zurückgreifen, sowie auf jene des nationalen Wetterdienstes. «Wir haben das dichteste Netz und die grösste Wetterdatenbank Europas und können somit die genauesten Vorhersagen bieten.» Kein Wunder, sind diese gefragt. Zu ihren Kunden gehören nicht nur Zeitungen, Online-Portale oder TV-Stationen wie die ARD, sondern auch der Schweizer Winterdienst für Verkehrswege, die SBB und die Appenzeller Bahnen sowie diverse Stromproduzenten, Event-Veranstalter und sogar der Flughafen Zürich. Denn die MeteoGroup in Appenzell ist Teil des grössten privaten Wetterdienstes Europas mit Niederlassungen in 14 Ländern.

Wer die Wettermacher im imposanten neu erstellten Geschäftshaus besucht, kann ihnen bei einer Führung über die Schulter schauen: Erklärt werden Wetterbegriffe wie Konfluenz, Mammatus oder Staubhose. Besucher können sich im hauseigenen TV-Studio auch als Wetter-Moderator versuchen – oder das kleine Wettermuseum erkunden. Das bietet wahre Kuriositäten und Raritäten, wie etwa den ersten Telegrafen von 1882, der auf dem Säntis im Einsatz war, oder einen Wolkenquadranten nach Schlein, dazu allerlei Thermometer, Hygrometer, Windschalen und Feuchtegehaltsmesser. Und wer in Zukunft die aktuellsten Wetterprognosen kennen will, lädt sich einfach die WeatherPro-App der Appenzeller herunter – damit er bestimmt nie im Regen steht.

Adresse MeteoGroup Schweiz AG, Gaiserstrasse 47, 9050 Appenzell, www.meteogroup.com | **Anfahrt** von Herisau Route 8, dann links abbiegen auf Hundwilerstrasse und der Hauptstrasse folgen bis Appenzell, auf der Umfahrungsstrasse nach 1,1 Kilometern links abbiegen auf Gaiserstrasse | **Öffnungszeiten** Führungen für Gruppen ganzjährig möglich, Buchung via Appenzell Tourismus, Tel. 071/7889641 | **Tipp** Vom nördlichen Dorfrand in Appenzell bei Steig führt der «Pfeff ond Lischt»-Weg nach Schlatt oder umgekehrt. Der Erlebnisweg veranschaulicht wissenschaftliche Themen auf pfiffige und originelle Art.

8_ Die Hackbrett-Stube

Die Instrumente von Johannes Fuchs

Eigentlich steht der schöne Taveen ziemlich vorwitzig und gut sichtbar vom Haus ab. Trotzdem muss man aufpassen, dass man nicht an diesem Schild vorbeifährt. Es stellt einen ungewohnten Berufszweig dar: Hier werkelt Johannes Fuchs, einer von nur noch drei Hackbrettbauern in der Schweiz.

Das Hackbrett haben nicht etwa die Appenzeller erfunden, man sagt, dass es im 16. Jahrhundert Fahrende aus dem ehemaligen Byzantinischen Reich hergebracht haben. Die Schlägel nennt man Ruten, und Johannes Fuchs' Vater, den man in dieser Gegend als «chlinn Fochsli» kennt, besitzt eine der grössten Sammlungen im Land. Er war es auch, der Anfang der 1950er Jahre als Erster die Instrumente in der Schweiz wieder schreinerte – fast wäre damals die Hackbrettmusik mangels Interesse ausgestorben. Sohn Johannes führt das Handwerk weiter – und ist so etwas wie ein Star in der nationalen und internationalen Hackbrettszene. Als Vizepräsident der Cimbalom World Association und Mitglied des Vorstands des Hackbrett Verbands Schweiz ist er schon viel herumgekommen. Er hält Vorträge, tritt jährlich an die 30 Mal auf, immer solo. Doch vor allem baut er als gelernter Schreiner Hackbretter. Die besten, sagen viele.

Johannes Fuchs nennt seine Werkstatt «Stube». Wer Rang und Namen hat, kommt her und kauft sich Ruten oder ein Instrument. Das baut Fuchs aus Fichte, die zum richtigen Zeitpunkt, also wenn Mond und Sterne günstig stehen, gefällt worden ist. Für ein kleines Hackbrett braucht er bis zu 100 Stunden. Und noch eine imposante Zahl ist zu nennen: 125 Saiten spannt Fuchs auf und teilt sie in 25 Chöre à fünf Saiten. Und schnitzt eine Rosette, für jedes einzelne Fuchs-Hackbrett.

Manchmal spielt der Erbauer auf ihnen etwas vor, in seiner Stube. Und wenn die vertrauten und doch fremdländisch klingenden Töne den Raum erfüllen, denkt man, es gibt kein schöneres Instrument auf der Welt.

Adresse Johannes Fuchs, Gaiserstrasse 135, 9050 Appenzell-Meistersrüte, www.hackbrett.ch | **Anfahrt** in Appenzell auf Umfahrungsstrasse, bei Kreisel auf Gaiserstrasse, vor Meistersrüte links | **Öffnungszeiten** Mo−Fr | **Tipp** Eine herrliche Rundsicht bietet das Restaurant Hoher Hirschberg, das man ab Sammelplatz in 45 Minuten Wanderzeit erreicht (www.hoherhirschberg.ch).

9__ Der Sammelplatz

Wo die Appenzeller ihre Feinde in die Flucht jagten

Eigentlich ist es ja klar, dass man sich an einem Ort wie Sammelplatz versammelt. Der Weiler auf einem Sattel zwischen Gais und Appenzell ist von seiner Lage her auch tatsächlich sehr praktisch als Treff- und Ausgangspunkt für Wanderungen oder zum Langlaufen. Wer sich dennoch fragt, wie der Ort zu diesem Namen kam, bekommt die Antwort am schmucken roten Haus: «Hier besammelten sich die Appenzeller zur Schlacht am Stoss 1405», steht an der Fassade.

Es war am 17. Juni 1405, als sich die Appenzeller – damals noch nicht getrennt in einen katholischen und einen reformierten Halb-kanton – auf den Weg Richtung Stoss machten. Mit dabei hatten sie einige Söldner aus Schwyz und Glarus, wie die Wappen am Haus verraten. Die Innerschweizer wussten genau, wie man eine solche Schlacht am besten anging. Und so besiegten denn die verstärkten Appenzeller (und übrigens auch Appenzellerinnen) die habsburgi-sche Übermacht in wahrer Morgarten-Manier – und das barfuss. Sie bauten am Pass eine sogenannte Letzi, eine Sperre aus Baumstäm-men und Steinen. Als sich dann die Habsburger – Bündnispartner des Klosters St. Gallen – vom Rheintal herkommend durch einen schmalen Durchgang an der Sperre zwängten, schlugen die Appen-zeller die Feinde mit Steinen, Hellebarden und Morgensternen er-folgreich in die Flucht schlugen.

Der historische Sieg der Appenzeller wird noch heute jährlich gefeiert. Jeweils am zweiten oder dritten Sonntag im Mai zieht eine Schar Wallfahrerinnen und Wallfahrer – laut Gelöbnis sollte aus jedem Haus ein achtbarer Mann oder eine achtbare Frau teilneh-men – betend auf dem neun Kilometer langen Weg von Appenzell zur Schlachtkapelle am Stoss. Am Sammelplatz vor dem Haus liest der Innerrhoder Ratsschreiber dann den sogenannten Fahrtbrief vor, der vom Geschehen der Schlacht erzählt und die gefallenen Appen-zeller namentlich erwähnt. Anschliessend werden fünf Vaterunser gelesen.

Hier besammelten sich die Appenzeller zur Schlacht am Stoss 1405

Adresse Gaiserstrasse 161, Sammelplatz, 9050 Appenzell-Meistersrüte | **Anfahrt** ab Appenzell auf der Gaiserstrasse bis Sammelplatz | **Tipp** Wer an diesem historischen Ort noch etwas länger verweilen will, dem sei der schmucke Landgasthof Sammelplatz von Barbara und Tony Fässler gleich daneben empfohlen (www.landgasthof-sammelplatz.ch).

10__ Der Wäbchäller

Alte Tradition mit neuem Material

Es ist warm im Keller und eng. Fast übersieht man Helen Niederer, die am Webstuhl sitzt, ein ums andere Mal das Webschiff hin- und herschiebt und dazu das Pedal bedient. Am «Rolls-Royce», wie sie sagt, es ist ein Webstuhl der Firma Arm aus Biglen im Kanton Bern. Die Platzverhältnisse im Bühler Webkeller sind deshalb so prekär, weil gleich daneben noch ein weiterer Webstuhl steht, ein finnischer.

Für Helen Niederer ist Weben so etwas wie Meditation. Stundenlang kann sie ihrer Leidenschaft frönen. Selbst wenn vor jedem «Webgang» ein Tag für die Vorbereitung draufgeht. Deshalb hat sie sich auch eine Bodenheizung eingebaut. Früher war es feucht in den Webkellern, weil die Leinen, mit denen auch Helen Niederer teilweise webt, nicht zu trocken werden durften.

Der Wäbchäller steht im Oberdorf an der alten Strasse nach Trogen und ist ein Überbleibsel eines ganzen Gewerbes. Allein in Bühler wurde bis ins 19. Jahrhundert in jedem zweiten Haus im Auftrag von Händlern gewoben, so sicherten sich die Einwohner das Überleben. In Zahlen: 236 Handwebereien wurden einst verzeichnet.

Helen Niederer hat vor fast 30 Jahren ihre Liebe zum Weben gefunden. Als sie Pfosten im Keller ihres Elternhauses entdeckte, die auf das alte Handwerk hindeuteten. Also lernte sie weben, kaufte sich zwei Handwebstühle und stellt seither Handtücher, Tischwäsche und Taschen her. Letztere aus Papiergarn, das sie in Finnland bezieht. Auch die Muster, die sie nachwebt, sind oft vom hohen Norden inspiriert – zum Beispiel aus Webmagazinen aus Schweden. Manchmal entwirft sie selbst etwas, Taschen etwa, die alle einem Thema gewidmet sind: Mal webt Helen Niederer in verschiedenen Grün- und Gelbtönen, einem Rebberg nachempfunden, mal in Schwarz-Weiss wie das Appenzeller Wappen oder in Grauschwarz, was den Alpstein symbolisiert. Egal, in welchem Muster eine Tasche gehalten ist, an die alte Tradition des Webens erinnern sie alle.

Adresse Wäbchäller, Oberdorf 9, 9055 Bühler; Helen Niederer betreibt auch ein B&B: www.bnb.ch/de/bnb/1662 | **Anfahrt** A 1 – Kreuzbleiche – Richtung Teufen-Gais-Appenzell | **Öffnungszeiten** nur auf Voranmeldung unter Tel. 071/7931591 | **Tipp** Nur eine kurze Fahrt entfernt liegt ein kulinarisches Paradies: Im noch immer hoch dotierten «Gasthaus zum Gupf» in Rehetobel kochte einst der Schweizer Daniel Humm, einer der berühmtesten Köche der Welt (www.gupf.ch).

11__Das Ackerhus

Der Sammler der Toggenburger Hauskultur

Wer bei Albert Edelmann (1886–1963) zur Schule ging, lernte zwar lesen, schreiben und rechnen. Doch eigentlich standen im Unterricht Musizieren und Malen an erster Stelle. Fotos zeugen heute noch davon, wie Schülerinnen und Schüler Holzschatullen bemalten oder 1939 im Zürcher Landidörfli als Schauspieler auftraten.

Der Lichtensteiger Albert Edelmann hatte sich stets für die schönen Künste interessiert. Und so legte er während seiner Zeit als Lehrer in Dicken oberhalb von Ebnat eine immense Sammlung an, die seine Interessen widerspiegelte: Sie bestand aus Hausorgeln, Truhen, Büchern und vielem mehr. Nach seiner Pensionierung machte er sie im Ackerhus der Öffentlichkeit zugänglich.

Das Haus aus dem Jahr 1752 sieht ein bisschen wie in die Landschaft gepflanzt aus. Tatsächlich hatte es einst in Oberhelfenschwil gestanden, wo es zuletzt noch als Armenhaus genutzt worden war. Edelmann liess es 1951 komplett zerlegen und in den Ebnater Acker transportieren. Nun konnte er – meist mit ehemaligen Schülern – seine Instrumente richtig erklingen lassen. Edelmann verzierte auch Wände: mit Brettern von Bettstätten oder Gemälden von unter anderem Babeli Giezendanner und Felix Brander.

Man ahnt, das Ackerhus hat so gar nichts von einem verstaubten Heimatmuseum. Das ist den heutigen Kuratoren zu verdanken, aber auch dem umtriebigen Sammler: Dessen Intention war es nicht, aufzuzeigen, wie man gelebt hat im Toggenburg. Sondern zu schützen und zu bewahren, was er als kulturell wertvoll erachtete. Und: gemeinsam zu musizieren. Genau so hält es der Kulturverein Ackerhus – das Museum ist auch ein Eventlokal. Man kann sich zum Beispiel in der Stube neben dem Kachelofen trauen lassen. Und vor dem Hochzeitsapéro den Toggenburger Hausorgeln lauschen: Im Anbau des Hauses finden 100 Leute Platz. Noch immer wird musiziert, etwa an einer Zitherstubete, und dann klingt es manchmal grad so, als ob Albert Edelmann zurückgekehrt wäre.

Adresse Museum Ackerhus, Ackerhusweg 20, 9642 Ebnat-Kappel, www.ackerhus.ch | **Anfahrt** Route 16 Wattwil–Ebnat-Kappel, links auf Mitteldorfstrasse, dann auf Ackerhusweg | **Öffnungszeiten** Sa, So 13–17 Uhr | **Tipp** Fährt man von Ebnat-Kappel über die Scheftenau nach Wattwil, passiert man linker Hand das Wirtshaus Fladehüsli, das einst Gerichtsstube gewesen sein soll (die Öffnungszeiten sind etwas abenteuerlich, auf gut Glück vorbeischauen).

12 Der Girlen-Hang

Wo sich die Ski-Stars ein Stelldichein gaben

Wer heute im Winter vor dem Girlen-Hang in Ebnat-Kappel steht, kann sich kaum vorstellen, was für ein reges Treiben hier noch vor ein paar Jahrzehnten geherrscht hat. Nicht nur, dass ein Sessellift und zwei Bügellifte vom Tal bis hinauf zum Regelstein und zu diversen attraktiven Pisten führten. Es wurden auch überall Skihäuser gebaut. In den 70er Jahren war der Girlen-Hang für Skisportler sogar einer der Hotspots in der Region und wurde – in Anlehnung an den Top-Skiort Davos – auch als das «Arbeiter-Parsenn» bezeichnet.

Nachwuchsfahrer und Nationalmannschaften trainierten einträchtig neben Hobbyfahrern. Und einige Male machte sogar der Europa- und Weltcup-Tross in Ebnat-Kappel halt. Dann war so richtig der Bär los, wie etwa 1977, als mehr als 30.000 Zuschauer zum Girlen-Hang pilgerten, um Skistars wie Ingemar Stenmark oder Gustav Thöni zuzujubeln. Und dann gab es doch tatsächlich einen Schweizer Doppelsieg: Heini Hemmi vor seinem jüngeren Bruder Christian. Der Bündner bezeichnet seinen Sieg in Ebnat-Kappel – neben dem Olympiasieg 1976 in Innsbruck natürlich – als «das Highlight» seiner Karriere «vor unglaublich vielen Zuschauern und unter schwierigen Bedingungen».

In der Tat hatten die Organisatoren während so manchem Ski-Rennen mit Wetterpech zu kämpfen. Entweder war zu wenig Schnee gefallen oder starker Regen hatte den Schnee in kürzester Zeit weggefegt. Letztlich konnte auch der Slogan «Gir-lässig d'Weltcup-Piste vo Ebnat-Kappel» den Niedergang des Skiortes nicht mehr aufhalten: 1989 gingen die Girlen-Skilifte Konkurs. 1999 und 2000 wurden sie abgebaut und für einen symbolischen Franken nach Argentinien verkauft. Heute zeugen nur noch eine Waldschneise, die Talstation (heute eine private Werkstatt) und das Bergrestaurant Girlen von der Blütezeit an diesem Hang. Das Haus kann noch immer für Ferienlager gemietet werden – wer will, kann dann die Aura der einstigen Ski-Hochburg spüren.

Adresse Berghaus Girlen, Girlen, 9642 Ebnat-Kappel, www.berghausgirlen.ch | **Anfahrt** Route 16 Wattwil bis Ebnat-Kappel Bahnhof, dann zu Fuss auf dem Wanderweg nach Girlen / Regelstein (rund 1,5 Stunden) | **Öffnungszeiten** Vermietung über Tel. 079/7493087 oder info@berghausgirlen.ch | **Tipp** Thomas Rütsche ist ein Spezialist für sennisches Brauchtum. Von Hand stellt er in seiner Werkstatt in Ebnat-Kappel Hosenträger, Schellenriemen, Schuhschnallen oder Sennenkappen her – alles Unikate (www.sennensattlerei.ch).

13__Das Königshemd

Warum Schwinger bei Kauf einkaufen

«Die Schwinger haben zum Appell pünktlich und in der vorgeschriebenen Kleidung anzutreten», so steht's im Regulativ des Eidgenössischen Schwingerverbands. Die Turnerschwinger tragen beim Kampf im Sägemehl Weiss, den Sennenschwingern hingegen wird vorgeschrieben, ein «strapazierfähiges, farbiges, nicht grelles Hemd, dunkle lange Hose (keine Mode- oder Fantasiehemden)» zu tragen.

So streng die Kleidungsvorschriften an Schwingwettkämpfen, so wichtig sind die Voraussetzungen eines Thronanwärters: Die «Bösen», wie die Schwinger genannt werden, müssen Kraft, Cleverness und Nervenstärke mitbringen, um König zu werden. Alle drei Jahre wird ein neuer gekürt, und auffallend viele tragen bei ihrer Krönung das gleiche Hemd: das «Libero» aus 50 Prozent Baumwolle und 50 Prozent Polyester von der Firma Kauf.

Die 1904 in Olten gegründete Firma zog 1940 nach Ebnat-Kappel, zu einer Zeit, in der die berühmte Textilbranche der Ostschweiz faktisch am Boden war. Die bequemen Alltagshemden fanden trotzdem reissenden Absatz, vor allem in den 70ern: «Es passte einfach alles zusammen», sagt der heutige Geschäftsführer, Michael Kauf, «der Schnitt – eng anliegend –, die Qualität, die Tatsache, dass es nicht gebügelt werden musste.» Das Textil hatte damals vor allem als Businesshemd Erfolg. Doch auch den Bösen bringt es Glück: Schon in den 60er Jahren trugen es Schwingerkönige (Karl Meli und Rudolf Hunsperger), 2001 verhalf es dem Toggenburger Nöldi Forrer zum Sieg, später auch den Bernern Matthias Sempach (2013) und Matthias Glarner (2016).

Die Schwingerversion von heute ist weich, bügelfrei und manchmal mit Edelweissmuster verziert. Schwinger finden es gut, weil sich das Sägemehl leicht abwischen lässt. Auch um das «strapazierfähig» im Reglement muss sich niemand sorgen: Ein Libero sei fast nicht kaputt zu kriegen, heisst es in Schwingerkreisen. Wie es sich für ein Königshemd eben gehört.

Adresse Kauf Factory Outlet, Rosenbüelstrasse 50, 9642 Ebnat-Kappel, www.kauf-factory-outlet.ch | **Anfahrt** Route 16 Wattwil–Ebnat-Kappel, Schildern am Ende des Dorfes folgen | **Öffnungszeiten** Mo 13.30–18 Uhr, Di–Fr 9–12 und 13.30–18 Uhr, Sa 9–16 Uhr | **Tipp** Spricht man in Ebnat-Kappel von «Toggenburgerli», sind nicht etwa Kinder gemeint, sondern ein Schokoladegebäck der Bäckerei Konditorei Forrer. Die Rezeptur des Gebäcks ist geheim, vor über 75 Jahren von Konditormeister Schmid erfunden, wurde sie von Generation zu Generation weitergegeben (www.toggenburgerli.ch).

14__ Das Kultur-Dömli

Vom Gotteshaus zum Eventlokal

Schlager, Soul, Kinderlieder oder Hackbrettklänge – im Kirchenschiff der reformierten Kirche in Ebnat-Kappel erklingen zuweilen ungewöhnliche Töne. Und oft wird auch aus voller Kehle gelacht, etwa wenn eine Comedy-Truppe auftritt. Ja, im Gotteshaus geht es sehr weltlich zu und her – aber erst seit ein paar Jahren. Und seither sitzt man auch nicht mehr auf harten Kirchenbänken, sondern ganz bequem auf gepolsterten Stühlen.

Seit April 2016 gehört die reformierte Kirche im Ortsteil Kappel nicht mehr der Kirchgemeinde, sondern André Keller. Der Unternehmer und Kulturliebhaber hatte die Gelegenheit, das leer stehende Gotteshaus zu kaufen, das seit der Gemeindefusion anno 1965 nicht mehr gebraucht wurde. Er baute es zu einer Eventlocation um und organisiert seither Kultur-Abende mit einem breiten Spektrum aus Musik, Comedy und Theater. Das Lokal wird für Veranstaltungen auch an Private vermietet.

Zu seinem Namen ist der neue Kulturort ganz einfach gekommen. «Weil es eben kein Dom ist, nannten wir es Dömli», erklärt Ueli Walliser augenzwinkernd. Er zeichnet zusammen mit André Keller für das Programm verantwortlich und ist so etwas wie die gute Seele des neuen Begegnungsortes in der Toggenburger Gemeinde. Das Gotteshaus, das 1823 erbaut wurde, dann 1854 abbrannte und auf dem gleichen Platz wieder errichtet wurde, verfügt über eine supergute Akustik. Also musste man beim Umbau auch nur wenig in die Architektur eingreifen und konnte den Charakter der Spätbarockkirche beibehalten. Neben der neuen Bestuhlung und der Revidierung der Orgel wurden eine Licht- und Tonanlage und eine kleine Küche für den Bar-Betrieb eingebaut. Seither verdunkeln auch Rollos die langen Kirchenfenster.

Und da ist noch die Sache mit der Kirchenuhr. Sie muss laut Passus im Verkaufsvertrag weiterhin in Betrieb bleiben. Die Glocke aber darf nie läuten – ausser am 1. August sowie an kirchlichen Festtagen.

Adresse Dömli, Kapplerstrasse 52, 9642 Ebnat-Kappel | **Anfahrt** Route 16 Wattwil nach Ebnat-Kappel, nach 3,4 Kilometern leicht rechts auf die Kapplerstrasse abbiegen und 1,2 Kilometer bis zum Dömli fahren | **Öffnungszeiten** siehe Programm unter www.doemli.ch | **Tipp** Sehen, fühlen, hören, riechen und erfühlen – das alles bietet der Sinnepark in Ebnat-Kappel. Der Erlebnisweg führt vom Bahnhof zum Eichweiher mit Grillplatz, Tischen und Bänken.

15_ Der Speer

Sehnsuchtsort mit besten Aussichten

Es ist schwierig, die richtigen Worte zu finden, um diesen Berg zu beschreiben. Von weit her ist der Speer zu sehen, eine Schönheit ist er und etwas Besonderes sowieso: Der Speer (1.951 Meter über Meer) ist Europas höchster Nagelfluh-Berg. Das klingt imposant, fürwahr, und das ist es auch: Konglomerate, Gesteine, in denen grosse, gerundete Steine in einer feinkörnigen Matrix liegen, werden so genannt. Sie kommen auf der ganzen Welt vor. In den nördlichen Alpen heissen sie Nagelfluh, weil die Knollen Nagelköpfen gleichen, die aus dem kahlen Felsen hervortreten. Gletscher, Bäche und Flüsse haben sie mit sich geschoben, geschliffen und gerundet. Je nachdem sind parallele Streifen oder schräg gestellte Schichtabfolgen zu sehen, die sich weiter über die nahe gelegenen Berge wie das Speermürli und den Federispitz ziehen.

Und weil es in des Menschen Natur liegt, Schönheit greifbar zu machen, steigt er auch auf diesen Berg, der auf dem Gemeindegebiet von Ebnat-Kappel, Nesslau, Amden, Kaltbrunn und Schänis liegt. Nicht alle, aber viele unterschiedlich schwierige Wege führen auf den Gipfel, von dem selbstredend eine umwerfende Aussicht zu geniessen ist.

Heiri Mock kennt den Berg wie niemand sonst, und eine Speerwanderung ist für ihn schon fast ein «Morgenspaziergang». Der pensionierte Lehrer aus Krummenau war schon über 1.400 Mal oben. «Es ist ein Spleen von mir», sagt er. Und ja, eine Sucht auch, er müsse einfach immer wieder auf den Speer kraxeln (meistens bringt ihn seine Frau zum Ebnater Steintal, dort nimmt er den Kletterweg, den Nordwandsteig). Es geht ihm nicht darum, Rekorde zu brechen. Ihm, der erst mit 40 Jahren die Liebe zu den Bergen entdeckt hat, liegen Landschaft, Flora und Fauna am Herzen: Wenn er von Aurikel, von Männertreu und vom Gelben Enzian spricht oder von den Steinböcken, die er auf seinen Wanderungen beobachtet, ist es, als ob er eine herzliche Rede über gute Freunde hält.

Adresse Verschiedene Wanderwege führen auf den Gipfel. Jener von Krummenau (Rietbach) aus über den Bützalpsattel zum Speer und von dort nach Nesslau dauert ungefähr sieben Stunden (Karte 2513 Mittleres Toggenburg–Gasterland), der (leichtere) Rundweg Amden–Speer–Amden 4,5 Stunden (www.sg-wanderwege.ch). | **Tipp** Heiri Mock empfiehlt – beim Abstieg über den Südhang nach Amden – einen Halt in der Alpwirtschaft Obere Chäseren.

16___Der Tanzboden

Wie die Alp zu einer Strasse kam

Ob hier wirklich so oft getanzt wurde, dass die Alp oberhalb von Ebnat-Kappel zu diesem Namen kam? «Gut möglich», meint Karl Jud, der zusammen mit seiner Frau Maria und Nichte Patricia die Alpwirtschaft auf dem Tanzboden führt. Das Schweizerdeutsche Wörterbuch «Idiotikon» jedenfalls verweist auf diesen Ursprung. Ein Tanzboden sei eine Anhöhe, auf der die Sennen ihre Chilbis oder die Hexen ihre jährlichen Zusammenkünfte abhielten. Scherzhaft wurde aber auch eine sehr grosse Nase oder Glatze als Tanzboden bezeichnet.

Laut Historiker Alois Stadler geht der Name eher auf die hier einst zahlreich lebenden Auer- und Birkhähne zurück. «Sie tanzen gerne auf offenen Plätzen, vor allem während der Brunftzeit zwischen Mitte März und Mitte April.» Noch heute sind diese Vögel verbreitet – wenn auch weniger häufig. Auf diesem Hügelzug fanden sie nicht nur ruhige Balzplätze, sondern auch einen reich gedeckten Tisch mit zahlreichen Beerensorten. Und erst der prächtige Rundblick! Vom Speer über die Churfirsten bis zum Säntis, an guten Tagen sogar bis zum Bodensee und in den Schwarzwald sieht man. Und auch bis nach Zürich auf den Zürichsee.

Dort hat man im Quartier Wollishofen vor ein paar Jahren sogar eine Strasse nach dieser Alp benannt. Es handelt sich um eine Strecke, die bis dahin namenlos gewesen war und die Scheidegg- mit der Kurfirstenstrasse verbindet. Angeregt durch die angrenzenden Strassen ermittelte der damalige Stadtgeometer den geografischen Mittelpunkt zwischen der Scheidegg im Zürcher Oberland und den Churfirsten. Und dieser liegt eben auf der Tanzbodenalp. Gut möglich, dass nun noch ein paar Zürcher Gäste mehr den Weg hierherfinden. Besonders beliebt ist der Ort im Winter zum Schneeschuhwandern. Zur Belohnung lockt die feine Küche der Alpwirtschaft. Und wer nach dem Aufstieg noch mag, darf jederzeit ein Tänzchen hinlegen.

Adresse Alpwirtschaft Tanzboden, 8739 Rieden, www.tanzboden-rieden.ch | **Anfahrt** Route 16 Wattwil Richtung Ebnat-Kappel, nach 3,4 Kilometern leicht rechts abbiegen auf die Kapplerstrasse und dieser 1,8 Kilometer folgen, dann auf Ebnaterstrasse, nach 750 Metern rechts abbiegen auf Dickenstrasse und bis zum Parkplatz beim Skilift Tanzboden, dann zu Fuss dem Wanderweg folgen (1,5 Stunden) | **Öffnungszeiten** ganzjährig täglich, Montag Ruhetag | **Tipp** Am Wintersberg oberhalb von Ebnat-Kappel befindet sich der Landgasthof Sonne, das «Haus der Freiheit», wo der ehemalige Nationalrat und SVP-Präsident Toni Brunner mit seiner Familie wirtet (www.hausderfreiheit.ch).

17_ Der Vegi-Pionier

Die Morga ist immer schon einen Schritt weiter

Auf den Regalen stehen glutenfreie Mehle, vegetarische Bolognese und Soja-Vollkorn-Pasta. Bio-Goji-Saft, Fertiggerichte ohne Zusatzstoffe und Geschmacksverstärker oder Dinkelknäckebrot: Tatsächlich sieht es hier aus wie im Hipster-Supermarkt in der Stadt. Und doch ist es einfach ein kleines Verkaufslokal in Ebnat-Kappel – der Fabrikladen der Morga.

In Sachen gesunder, moderner Ernährung war der Lebensmittelhersteller schon immer eine Art Trendsetter. Angefangen hatte alles mit Tee und Gewürzen und mit dem Grossvater von Ernst Lieberherr, dem heutigen Geschäftsführer. Jener war 1930 nach einem 20-jährigen Aufenthalt in Indien in die Schweiz zurückgekehrt. Mit im Gepäck: Sojabohnen und viele Erkenntnisse zu vegetabiler Ernährung. Er gründete die Morga, wohlverstanden zu einem Zeitpunkt, als hierzulande nur die wenigsten von vegetarischer Ernährung sprachen. Seither vertreibt die Firma in Ebnat-Kappel vegetarische, hauptsächlich biologische Produkte – zurzeit sind es ungefähr 1.500 – und erfindet laufend neue.

Schon ziemlich lange gibt es den Küchenklassiker Paidol, ein Morga-Vorzeigeprodukt, das vor 100 Jahren noch ein paar Häuser weiter in Kappel hergestellt wurde. Es besteht in erster Linie aus Schweizer Weichweizengriess, enthält neben Stärke auch Eiweiss- und Fettstoffe und soll immer noch Wunder vollbringen, wenn es darum geht, Suppen und Fondues zu binden oder die Omeletten fein zu machen. Ursprünglich aber wurde es als Ernährungsergänzung für Kleinkinder lanciert.

Das klingt jetzt eher altmodisch und so gar nicht hipsterig? Dann schauen wir uns doch das Apfelmus im Glas genauer an: Weil die Morga bei der Produktion von Apfelringen nicht den ganzen Apfel verwenden kann, stellt sie aus den Resten Apfelmus her. Solcherlei Tun reiht sich in eine Bewegung namens «Zero Waste» ein, also «ohne Abfall kochen». Und die ist, wen erstaunt's, gerade voll im Trend.

Adresse Morga, Kapplerstrasse 58, 9642 Ebnat-Kappel, www.morga.ch | **Anfahrt** Route 16 Wattwil–Ebnat-Kappel, eingangs des Dorfes nach Bushaltestelle Ebnat, Au | **Öffnungszeiten** Do 9–12 und 13.30–18.30 Uhr, Sa 9–13 Uhr | **Tipp** Auch eine Pionierin, wenn auch ganz auf einem anderen Gebiet, ist die Bürstenfabrik Ebnat. Sie erfand vor fast 100 Jahren die Blochbürste «Matador», eine Zahnbürste namens «Implata» und fällt seither mit immer neuen Innovationen auf. Der Factory-Shop ist donnerstags geöffnet (www.ebnat.ch).

18 Die Insektenfläche

Der bekehrte Fliegenvernichter

Inmitten des satten Grüns der Appenzeller Wiesenlandschaft fällt die Fläche sofort auf: Sie blüht herrlich in allen Farben. Vor allem aber kreucht und fleucht es auf dem Dachgarten im Industriequartier Strahlholz bei Gais in ungeahnter Vielfalt. Hans-Dietrich Reckhaus steht mitten im Biotop und freut sich nicht nur über die Spinne, die gerade an seinem Hosenbein hochläuft, sondern auch über die Heuschrecken, die bei jedem seiner Schritte weghüpfen.

Noch vor ein paar Jahren hätte der Geschäftsführer des Insektizid-Herstellers Reckhaus in dieser Situation wohl gleich zu einem seiner Produkte gegriffen und den Tierchen den Garaus gemacht. Nun aber präsentiert er stolz den neu geschaffenen, 500 Quadratmeter grossen Lebensraum für unzählige Tiere und Pflanzen: Es ist die erste Insektenausgleichsfläche der Schweiz. Entstanden ist das Projekt 2015 unter dem Namen «Insect Respect» und beherbergt eine Magerwiese, die auf Bodensubstraten aus Erde, Blähton, Lava, Kies und Rindenkompost wächst.

«Je nährstoffärmer eine Wiese ist, desto mehr Artenreichtum bringt sie hervor», erklärt der biologische Leiter Philipp Unterweger. Innerhalb kürzester Zeit haben sich nicht nur Dutzende Pflanzenarten diese Fläche erobert, auch Spinnen, Wanzen, Tausendfüssler, Vögel, Tagfalter, Heuschrecken und Schmetterlinge sind darauf heimisch geworden.

Den Anstoss für Reckhaus' Sinneswandel vom Saulus zum Paulus gaben Frank und Patrik Riklin. Kunstliebhaber Reckhaus wollte die beiden St. Galler Künstler für die Lancierung eines neuen Fliegenfänger-Produktes gewinnen. Doch die schlugen ihm stattdessen vor, künftig Fliegen zu retten statt zu töten – und sich grundsätzlich mit dem Wert dieser Lebewesen auseinanderzusetzen. Seither ist der Unternehmer ganz versessen darauf, Insekten zu retten – und hat für sein Engagement schon mehrere Auszeichnungen erhalten, so auch den Schweizer Ethikpreis.

Adresse Reckhaus AG, Strahlholz 13, 9056 Gais | **Anfahrt** von Appenzell auf der Umfahrungsstrasse nach Osten Richtung Gais, im Kreisverkehr 2. Ausfahrt auf die Gaiserstrasse nehmen, nach 3,4 Kilometern weiter auf Appenzellerstrasse, im Kreisverkehr 2. Ausfahrt auf Hauptstrasse nehmen und dieser 1,3 Kilometer folgen, dann links abbiegen auf Strahlholz | **Öffnungszeiten** Führungen auf Anfrage, Reckhaus AG, Tel. 071/3300535, kontakt@insect-respect.org | **Tipp** Um den Dorfplatz in Gais steht eine ganze Reihe gut erhaltener traditioneller Holzhäuser mit schönen geschwungenen Giebeldächern. Wer mehr über die Gemeinde erfahren möchte, besucht das Museum am Dorfplatz.

19 Lauras Lieblingsplätze

Geissen-Yoga und Glockengeläut

Laura ist eine Dorfschönheit: schneeweiss, langhaarig, kräftig, robust und wetterfest. Und sie hat vier Beine. Denn Laura ist eine Ziege. Nicht irgendeine, sondern eine Appenzeller Ziege natürlich – eine von nur rund 800, die es heute noch gibt. Wie der Bläss (Sennenhund), das Spitzhaubenhuhn und das Barthuhn sind die Appenzeller Ziegen in ihrer Art gefährdet und stehen auf der Liste von Pro Specie Rara.

Laura ist eine Witzige und freut sich über jeden Besuch. Zu Hause ist sie in Gais – wie es sich für eine «Geiss» gehört. Genauer auf dem Gäbris, wo sie bei der Familie Bodenmann vor dem Restaurant «ondere Gäbris» wohnt. Laura ist auch das Maskottchen des Themenweges «Lauras Lieblingsplätze», der dort vorbeiführt. Wer von Gais herwandert, kommt durch Moorlandschaften, Wiesen und durch romantische Wälder an sechs Stationen vorbei. Diese Landschaft zwischen Alpstein und Bodensee inspirierte selbst Hermann Hesse, der am Ufer des Bodensees lebte: «Mit Befriedigung sahen wir die ganze Gegend um unseren Wohnort her in trübem Dunst verborgen, während wir, in die Bergklarheit entronnen, schleierlose Fernen sahen und Sonnenlüfte atmeten», schrieb er in sein Notizbuch.

In den Häuschen auf dem Laura-Weg erfährt man Originelles zum Brauchtum und Interessantes über das Appenzellerland. Am Kraftplatz werden Yogaübungen à la manière de Laura vorgestellt, was bedeutet, dass man sich in Ziegenhaltung unter dem Gartenhag hindurchfrisst. Beim Werkplatz wird man mit 19 Sorten Schnitzholz vertraut gemacht. Und beim Glockenplatz lässt sich wetteifern, wer der beste «Geissengeläutmeister» ist.

Weil Ziegen gesellig sind, teilt sich Laura ihre Hütte mit Tante Flöckli. Und diese ist ein richtiger Filmstar. Unweit von ihrem Zuhause steht der Geschichtenplatz, wo man sie im Film «Flöckli, das Geisslein» in der Hauptrolle sehen kann. Die Geschichte basiert auf dem Buch der Gaiser Autorin Lilly Langenegger.

Adresse 9056 Gais | **Anfahrt** von Appenzell auf Gaiserstrasse nach Gais bis Bahnhof, markierter Weg ab Bahnhof, Gesamtwanderzeit circa 3 Stunden | **Tipp** Noch mehr Tiere kann man auf der Streichelfarm von Tobias Koster besuchen. Sie ist in 15 Gehminuten ab Bahnhof Gais erreichbar (www.streichelfarm.ch).

20 Das Tabakfeld

Wo Zigarren aus der Heimat wachsen

Stumpen drehen sei eine Philosophie, sagt Peter Eggenberger. Der Tabakbauer steht mitten in seinem Feld und erklärt geduldig, wie eine Zigarre zusammengesetzt ist: aus Tabak natürlich, es braucht Füllmaterial, um das ein Förmling gewickelt wird, und Deckblättern. Letztere wachsen am Rand von Gams, auf seinem Feld. Es ist eine halbe Hektare gross, geerntet wird jeweils Ende August.

Eggenberger baut immer wieder Neues an, auch starken Tobak: kubanische und orientalische Sorten. Seine Blätter, sagt er, seien robust, deshalb würde er am liebsten nur noch Tabak für Deckblätter wachsen lassen. Der ehemalige Milchbauer mit noch vielen anderen Ideen (zum Beispiel der für einen Gnadenhof für Nutztiere) schwört auf Handarbeit. Seinen Tabak pflanzt er für die Firma «Koch & Gsell» an, die unter der Marke «Heimat» im St. Gallischen Steinach Rauchwaren herstellt. Die Tabakmanufaktur kann sich rühmen, die erste Tabak-Hanf-Zigarette der Welt hergestellt zu haben. Oder, wie kürzlich, eine regionale Minzzigarette, bestehend aus heimischem Tabak und Pfefferminze aus voralpinem Anbau.

Tabak ist ein Urschweizer Gewächs. Seit über 400 Jahren ist die Pflanze in der Schweiz heimisch. Anders als etwa beim Gemüse ist nach der Ernte die Arbeit noch nicht getan. Die Tabakblätter müssen getrocknet und fermentiert werden, wodurch das grüne Blatt die charakteristische gelbbraune Färbung erhält. Dass Rauchen in unserer Zeit doch eher verpönt ist und es die Tabakbauern in der Schweiz schwer haben (die ausländische Konkurrenz!), kümmert Peter Eggenberger wenig. Und ja, Rauchen sei ungesund, keine Frage, aber immerhin steckten in seinem Tabak keine Kinderarbeit, dafür aber regionale Pflanzen.

Neben seinem Tabakfeld steht übrigens eine Buntbrache. Ein Flecken Land, den er jahrelang stehen lässt, damit sich heimische Pflanzen und Tiere entfalten können. Um neuen Lebensraum zu schaffen.

Adresse Tabakfeld, Eich, 9473 Gams | **Anfahrt** Wattwil – Wildhaus – Gams, Richtung Haag, bis zum Übergang Simmi | **Öffnungszeiten** nur auf Anfrage beim «Bahnhöfli» (siehe Tipp) | **Tipp** Sich wie im Süden fühlen und die Berge vor Augen haben? Das geht wunderbar auf der Terrasse des «Bahnhöfli» am Ende des Feldes Richtung Haag. Auch im Winter übrigens, die Speisekarte mit regionalen Spezialitäten lädt immer zum Träumen ein (www.bahnhoefli-haag.ch).

21 Das Musik-Haus

Heimat der Appenzeller und Toggenburger Volksmusik

In seinem kräftigen Ochsengallen-Rot ist es weiss Gott nicht zu übersehen: das Roothuus, direkt an der Hauptstrasse in Gonten gelegen. Wie eine Aufforderung zum Eintreten wirkt es auf die Vorbeifahrenden. Das soll es auch. Das einstige Bürgerhaus, zwischen 1763 und 1765 erbaut, ist seit 2007 das offizielle Zentrum für Appenzeller und Toggenburger Volksmusik. Und wer die Menschen kennt, die rund um den Säntis leben, weiss, wie wichtig ihnen ihre Musik ist. Johlen und zäuerlen, singen und rugguusselen sie doch bei jeder Gelegenheit.

Vom Erdgeschoss bis hinauf in den vierten Stock beherbergt das Haus nun eine umfangreiche Sammlung – Notenmaterial von 1730 bis heute, Instrumente aller Art, dazu über 2.000 Bücher, Schriften, Fotos und Tonträger zum Thema. Und ausserdem noch einen kleinen Verlag für Musiknoten. So lässt sich hier die Naturjodel- und Volksmusik rund um den Säntis lückenlos über mehr als 200 Jahre zurückverfolgen. Lange Zeit schriftlos überliefert, hat diese gesungene und auf Instrumenten gespielte Musik, die längst auf der UNESCO-Liste der lebendigen Traditionen der Schweiz steht, nun einen würdigen Anlaufort und Treffpunkt erhalten.

Archivieren, forschen und vermitteln – so sieht Barbara Betschart, Geschäftsführerin und aktive Volksmusikerin, ihre Aufgabe im Roothuus in Gonten. Und weil das Haus keine verstaubte Angelegenheit sein soll, ist es der Innerschweizerin ein grosses Anliegen, die Räume zu beleben. Regelmässig finden Führungen und Kurse, Konzerte und Stubeten statt. Besonders die Räume mit dem Tigerli-Kachelofen im zweiten Stock oder der stattliche Festsaal mit seinen Barock-Malereien und dem Tafelklavier im dritten Stock sind sehenswert. Der Holzbau erweist sich dabei auch als perfekter Klangträger. Am schönsten sei es, meint Barbara Betschart, «wenn das Haus klingt und schwingt und die Musik dabei so richtig unter die Haut geht».

Adresse Roothuus Gonten – Zentrum für Appenzeller und Toggenburger Volksmusik, Dorfstrasse 36, 9108 Gonten, www.roothuus-gonten.ch | **Anfahrt** von Appenzell nach Gonten auf der Gontenstrasse, 3,5 Kilometer, dann auf Dorfstrasse | **Öffnungszeiten** Di–Fr 9–11.30 Uhr, übrige Zeiten und Führungen nach persönlicher Vereinbarung | **Tipp** Wer mehr über die Tradition und Kultur der Appenzeller Ziege erfahren möchte, besucht die erste Ziegen-Schaukäserei der Schweiz von Mathias und Maria Koch-Dobler in Gonten. Dort kann man auf Voranmeldung auch Spezialitäten wie Appenzeller Ziegen-Frischkäse, «Gääsbölleli» oder Ziegen-Bergkäseraclette degustieren (www.ziegenprodukte.ch).

22 Der Toobeschopfe

Ein fast vergessenes Handwerk

Torfstechen ist kein Honiglecken. Wer den ganzen Tag auf dem nassen Boden stand und in schwerer Körperarbeit mit dem Torfspaten Ziegel ausstechen musste, spürte abends an seinem Rücken sehr wohl, was er getan hatte. Im Gontenmoos bei Gonten wurde dieses Handwerk bis Ende des Zweiten Weltkrieges professionell ausgeübt. Danach nahm der Abbau mit der Wiederaufnahme der Kohleimporte rasant ab. Torf wurde nur noch für das 1.-August-Feuer gestochen und seit den 1980er Jahren aus Gründen des Natur- und Landschaftsschutzes gar nicht mehr.

Der heute 78-jährige Kurt Rusch ist der letzte Torfstecher von Gonten und mag sich gut daran erinnern, wie er einst als kleiner Bub mit seinen Eltern zum Torfstechen auf die Felder ging. «Der Vater hatte die Ziegel ausgehoben, die Mutter musste sie zum Trocknen auslegen und danach in der Toobeschopfe (Torfhütte) zur Aufbewahrung auftürmen.» Die Torfziegel wurden als Ergänzung zum Holz als Brennstoff benutzt, weil sie langsamer brannten. «Als Gartenerde aber war das Gontenmooser Torf nicht geeignet, da es zu sauer war.»

Wer heute durch die liebliche Landschaft um Gonten wandert, sieht noch gut ein Dutzend der ehemaligen Torfhütten – nach Norden und Westen hin geschlossen, nach Süden und Osten mit offenen Zwischenräumen, damit der Wind durchblasen und die Torfziegel trocknen konnte. Damit das wichtige Handwerk nicht in Vergessenheit gerät, wurde 2006 ein neuer Toobeschopfe im Stil der alten aufgebaut und darin ein kleines Museum eingerichtet. Geräte und Maschinen sowie Torfziegel stehen in der Hütte, Stellwände mit alten Fotos und Texte dokumentieren die Geschichte des Torfabbaus im Gontenmoos.

Nur Kurt Rusch hat noch eine Sonderbewilligung zum Torfstechen. Einmal jährlich liefert er der Brauerei Locher in Appenzell einen Sack Torf – für die Herstellung und Veredelung des Säntis Malt Whiskys «Dreifaltigkeit».

Adresse Toobeschopfe Museum, Gontenmoos, 9108 Gonten | **Anfahrt** von Appenzell auf der Feldstrasse und dann auf der Enggenhüttenstrasse Richtung Gonten, nach 2,7 Kilometern von der Gontenstrasse rechts abbiegen auf Büel und weiterfahren bis Kaustrasse | **Öffnungszeiten** jederzeit zugänglich | **Tipp** Übers Gontener Hochmoor geht man von Jakobsbad bis nach Gontenbad auf dem Barfussweg ohne Socken und Schuhe. Wiesen und Bäche wechseln mit kurzen steinigen oder asphaltierten Streckenabschnitten. Kneippstationen sorgen für Erholung der Füsse.

23__Der Klosterladen

Angelika hilft

Es ist still auf dem Klostergelände. Man sieht Bäume und Pflanzen hinter Mauern des Klostergartens hervorlugen und eine ganze Schar von Tännchen, die wohl als Christbäume in weltlichen Stuben enden werden. Die dicken Mauern strahlen etwas Schweres, ja fast Düsteres aus. Dieser Eindruck ist schnell vergessen, wenn um Punkt zehn Uhr die Rollläden des ehemaligen Knechtenhauses hochgefahren werden. Meistens warten schon Kunden auf Einlass – man kommt von weit her, um hier einzukaufen. Hinter der Theke dieses hellen, freundlichen Ladens steht Schwester Dorothea. Ihr ist es zu verdanken, dass die Welt ausserhalb der Klostermauer von Pfefferminzlikör, Beinwellsalbe, Kloster-Bärlauchsalz oder hausgemachten Biskuits profitieren kann.

Spezialität des Hauses ist der Angelika-Likör: Seit der Gründung der Klosterapotheke vor über 100 Jahren wurde die Rezeptur aus Angelikawurzel nie verändert. Warum auch – der Schnaps schmeckt, zum Beispiel mit Vanille- oder Orangenglace, und hilft gegen «Magenverstimmungen nach dem Genuss von kalten oder unbekömmlichen Speisen», wie in der Broschüre steht. Weiter «wirkt er wärmend und entkrampfend auf das Verdauungssystem und bei Erkältungen».

Dass die Schwestern hier vieles selbst herstellen, mit Kräutern und Pflanzen aus dem Klostergarten, ist gar nicht so selbstverständlich. Denn dieser stammt nicht, wie man annehmen könnte, aus dem Mittelalter. Das Kloster «Leiden Christi» ist noch jung, es wurde erst 1851 gegründet, dort, wo vorher das «Sägenweidli» stand, ein Bauernhof mit einer Sägerei und Mühle. Und die Gegend im heutigen Jakobsbad ist, ein wenig salopp ausgedrückt, jetzt nicht die wirtlichste.

Trotzdem pilgern – wie früher die Vorarlberger und Tiroler auf dem Weg nach Maria Einsiedeln – viele nach Jakobsbad. Vor allem wegen der Klosterkräuter, die zur natürlichen Ergänzung der «geistigen Apotheke» der Gläubigen dienen.

Adresse Kapuzinerkloster, 9108 Jakobsbad, www.klosterapotheke.ch | **Anfahrt**
Appenzell–Gonten und Jakobsbad, nach Kronbergbahn links | **Öffnungszeiten** Mo–Sa
10–11.30 und 14–17 Uhr | **Tipp** Eine «Naturapotheke» befindet sich auch auf dem
Kronberg: Von der Bergstation aus gelangt man am Gipfelkreuz vorbei zur Jakobskapelle,
über die Jakobsalp schliesslich entlang dem historischen Pilgerweg zur Jakobsquelle. Das
frische, kühle Wasser weist alle wesentlichen energetischen Merkmale einer Heilquelle auf
(www.appenzellerland.ch, Rundwanderung «Kräfte auf dem Kronberg»).

24 Der Mühlbach

Die einstige Lebensader eines Dorfes

Ein so unscheinbares Bächlein soll so wichtig für das Dorf gewesen sein? Natürlich! Vom Mühlbach profitierten in den letzten drei Jahrhunderten alle Grabser. Vom Gewerbekanal waren während seiner Blütezeit über 20 verschiedene Betriebe abhängig – ihre Mühlen drehten sich mit Hilfe der Wasserkraft aus dem Bach. Heute fliesst er zwar mehrheitlich unterirdisch, doch mit zehn – mindestens teilweise – noch vorhandenen Anlagen auf einer Länge von 1,7 Kilometern ist er einzigartig in der Schweiz.

Gewerblich genutzt wird der Grabser Mühlbach heute noch von der Firma Sturzenegger, die Schafwolle verarbeitet, sowie dem Kleinkraftwerk bei der ehemaligen Tuchfabrik. Alle anderen Betriebe wurden eingestellt oder modernisiert. Eintauchen in die Zeit, in der der Mühlbach die eigentliche Lebensader von Grabs war, ist aber immer noch möglich: dank der Tafeln entlang des Weges oder – noch besser – der Filme, die sich bequem via QR-Codes aufs Handy laden lassen.

Dabei erfährt man Erstaunliches – über die Sägerei und Mosterei, die Knochenstampfe oder die öffentliche Waschküche, durch die der Bach auch heute noch fliesst. Auch die Messerschmiede Roth, am unteren Teil des Weges, ist etwas Besonderes, vor allem, weil sie gar keine Einheimische ist: Sie wurde vom benachbarten Buchs hierherverfrachtet. Daneben steht die «Maismühle unter der Kirche» – sie war die letzte von fünf Getreidemühlen am Grabser Mühlbach. Drei unterschiedliche Mahlwerke zeigen heute noch, wie einst der Mais verarbeitet wurde.

Dazu gehörte auch der Ribelmais («rible» heisst reiben) oder der Törggä (von «Türkenkorn»), wie er hier genannt wird. Bis Mitte des letzten Jahrhunderts war er ein Grundnahrungsmittel der Rheintaler und feiert heute eine Art Comeback. Am besten lässt man den weissen Maisgriess mit Milch quellen, wie es früher die Bauern machten, gibt Salz dazu und röstet ihn in Butter.

Adresse Marktplatz 1, 9472 Grabs, Faltprospekte sind beim Start im Volg erhältlich, im Café Post sowie auf dem Rathaus Grabs | **Anfahrt** A 13 bis Ausfahrt 8 Buchs, von dort auf Route 16 auf Langäulistrasse nach Grabs, rechts auf Hasenbüntstrasse abbiegen | **Tipp** Das benachbarte Werdenberg ist die älteste Schweizer Holzsiedlung mit städtischem Charakter – und die vielleicht kleinste Stadt der Welt (www.werdenberg.ch).

25 __ Der Hammond-Corner

Das berühmteste Strassenstück im Toggenburg

Tatsächlich, die Ortstafel sieht ziemlich neu aus, man muss nur genau hinschauen. Ansonsten präsentiert sich das Strassenstück wie ein normaler Dorfeingang. Der Schein trügt, seit dem 10. Juni 2017 ist die Abbiegung, die man passiert, wenn man von Bächli her nach Hemberg einfährt, berühmt. Zwar findet man den «Hammond Corner» auf keiner Karte unter diesem Namen, doch die Einheimischen haben die Kurve kurzerhand nach dem Verursacher eines spektakulären Unfalls benannt. Und das kam so:

Schon in den 60er Jahren fanden rund um das doch eher beschauliche Dorf Autorennen statt, das letzte 1990. Widerstand hatte es unter anderem gegeben, weil man sich wegen des Waldsterbens um die Umwelt sorgte. 2012 rief der Verein Bergrennen Hemberg eine Neuauflage aus, Gemeinde und Kanton gaben die Erlaubnis. Und so flitzen seither jedes Jahr im Juni schnelle Schlitten um die Kurven. Wie früher, als sogar die Schweizer Formel-1-Legende Clay Regazzoni sich hier zu beweisen versuchte. 2017 nun war auch der Brite Richard Hammond unterwegs. Der Starmoderator von Autoshows wie «Top Gear» war mit seinem Team inkognito angereist, nur die Veranstalter wussten, dass er in Hemberg einen Beitrag für seine Sendung «The Grand Tour» realisieren wollte.

Das Drehbuch für jenen Samstag hatten die TV-Produzenten allerdings anders geschrieben. Richard Hammonds Fahrt auf der (jeweils abgesperrten) Rennstrecke sollte legendär werden: Während der Dreharbeiten raste er mit seinem Rimac Concept One S die doch recht steile Strecke zum Dorf hoch, kriegte die Kurve nicht und stürzte den Hang hinunter. Der prominente TV-Mann hatte Glück im Unglück: Sein Elektro-Supersportwagen brannte vollständig aus, er musste im Kantonsspital St. Gallen «nur» am Knie operiert werden. Auch Hemberg hat die Kurve gekriegt: Sowohl Ortstafel wie auch Blumenkistchen und Telefonstange stehen wieder an ihrem Platz.

Adresse Bächlistrasse, 9633 Hemberg | **Anfahrt** Wattwil–Hemberg, durch das Zentrum Richtung Bächli | **Tipp** Biegt man statt zur Hammond-Kurve links ab auf die St. Peterzellerstrasse, erreicht man nach sieben Kilometern die Bäckerei Kuhn in Brunnadern. 1888 wurde hier das erste Brot gebacken, heute gibt es bereits elf Filialen – und den besten Zopf weit und breit (www.baeckerei-kuhn.ch).

26 Das Hundertwasser-Zimmer

Warum sich Paradiesvögel hier wohlfühlen

Ja, Friedensreich Hundertwasser (1928–2000) wäre zufrieden. Der österreichische Maler und Architekt, der sich zeitlebens gegen «gerade Linien» aller Art wehrte, würde sich noch heute wohlfühlen in diesem Hemberger Haus aus dem 19. Jahrhundert, in dem auch er Zeit verbracht hat. Nicht dass das Gebäude schief steht. Doch nichts ist an und in diesem Reich gewöhnlich. Weder das «Kulturzimmer» mit der viele Meter langen Eckbank noch das Büchergestell mit Giebel, auch nicht der Konzertraum im Untergeschoss. Und doch scheint alles – von den Möbeln bis zu den Kerzenständern, vom Türanstrich bis zum wilden Garten – eine Aura von Schönheit zu umgeben, die mit Geschmacksvorlieben nichts mehr zu tun hat.

«Haus der Paradiesvögel» nennen Liselotte Rittmeyer und René Bucher ihr Heim, das sie 2013 bezogen haben. Das im Biedermeier-Stil erbaute Haus steht nur ein paar Meter vom Dorfzentrum entfernt, und von der Terrasse aus sind der Säntis und das Neckertal zu sehen, das Appenzellerland zu erahnen. Das Ehepaar war glücklich, dass offensichtlich schon immer ein Hauch von Kultur durch die Räume geweht hat: Schon viele Künstler sind hier ein und aus gegangen. Darunter Kunstmaler Hermann Selinger, der es auch war, der 1956 Friedensreich Hundertwasser zu sich eingeladen hatte. Jener bewohnte mehrere Monate den Dachstock und schlief in einer Nische, die er später sogar im Kunsthaus Wien nachbaute.

Der Aufenthalt in Hemberg taucht nirgendwo in Hundertwassers Biografie auf. Liselotte Rittmeyer und René Bucher haben selbst recherchiert, unter anderem wurden sie auf den berühmten Bewohner aufmerksam, weil sie ein Schwarz-Weiss-Foto fanden, das ihn mit Hermann Selinger und dessen Sohn Viktor zeigt. Letzterer erinnerte sich, wie er Hundertwasser einst beim Malen von Bildern (etwa «Die rosa Wege von Toggenburg») zugeschaut hatte.

Adresse «Haus der Paradiesvögel», Haldenstrasse 3, 9633 Hemberg, www.neurokultur.ch | **Anfahrt** Wattwil–Hemberg, durch das Zentrum fahren. Vor dem Haus stehen drei bunte Säulen. | **Öffnungszeiten** Wenn Liselotte Rittmeyer und René Bucher zu Hause sind, führen sie gern durch das Haus. | **Tipp** Nebenan verkauft die Bäckerei Konditorei Hörnli essbare Kunst: Toggenburger Biber mit Prägung oder Bildern des Hemberger Malers Ernst Näf oder des Appenzeller Malers Marc Trachsler (www.hoernli-hemberg.ch).

27 Der Salomonstempel
Königliche Entspannung

Ein Tempel? In dieser Moorlandschaft? Aber ja doch. Bauer Salomon Grob gab ihm seinen Namen, vor fast 200 Jahren. Die Wettertannen, beschloss er, sollten seine Säulen sein, Gras und Blumen der prachtvolle Teppich. Amseln, Drosseln, Finken und Meisen priesen mit ihrem Gesang den Herrn – und das Haus von Grob dazu.

Beim Wandern durch luftige Wälder und an saftigen Wiesen vorbei wird man von Kühen beobachtet, die sich um derlei Bezeichnung wenig scheren. Taucht erst mal das Türmlein im Sichtfeld auf, macht der Name aber Sinn. Der in die Jahre gekommene «Tempel» von Salomon Grob liegt auf einer Anhöhe von 1.138 Metern über Meer, die Lage könnte nicht besser sein, die Aussicht nicht schöner. Das ganze Gebiet ist heute nach ihm benannt.

Saniert wurde das Haus letztmals 1983. Man kann es mieten – für rauschende Feste abseits von allem Lärm und Grau, mitten in dieser voralpinen Idylle, in der es so einfach ist, in Glückseligkeit zu versinken. Im Winter zum Beispiel auf der Panoramaloipe, deren Einstieg sich nur wenige Meter unterhalb des Hauses befindet. Seit 1946 ist das Gebäude, das mit 55 Betten ausgestattet ist, im Besitz der Stiftung Brugger Ferienhaus Salomonstempel. Die Küche lädt zum Kochen ein, Fussballkästen und Tischtennistische zum Spielen, die Terrasse zum Entspannen. Im Salomonstempel finden auch Schullager statt. Davon zeugen die Mauergraffiti im Treppenhaus. «Hopp GC», steht da geschrieben, wohl von einem Fan des Zürcher Fussballvereins Grasshopper Club, oder «Vreni + Mops» mit Herz umrandet – ein verliebtes Schülerpärchen?

«Die Zimmer des Tempels von König Salomon warn schön, aber was sind sie gegen die Zinnen der Schöpfung, die ich hier sehe, den Glärnisch mit dem Vrenelisgärtli, den Speer, die Kurfirsten und den Säntis im Morgen- und Abendrot?» So soll der schlaue Bauer seinerzeit philosophiert haben. Nun, dem ist nichts entgegenzusetzen.

Adresse Salomonstempel, 9633 Hemberg, Miete: www.salomonstempel-hemberg.ch |
Anfahrt Wattwil–Hemberg, rechts auf Scherbenstrasse, circa 3 Kilometer bis Chellen, von
dort zu Fuss zum Salomonstempel (Wanderwegweiser) | **Tipp** Nach der Wanderung zum
Salomonstempel lässt es sich wunderbar in einem anderen Haus mit viel Geschichte (fragen
Sie nach!) erfrischen: im Löwen in Hemberg (www.loewen-hemberg.ch).

28__Die Alpenbritsche
Warum man bei Dietrichs herunterfährt

Im Leben, sagt Köbi Dietrich, gebe es Hochs und Tiefs. Darüber und über noch viel mehr unterhält er sich gern mit Gästen aus aller Welt, die in seiner Alpenbritsche übernachten. Das Gästezimmer, das er auf einen Wagen gebaut hat, steht im Sommer hoch über Hundwil auf der Alp Göbsi, die Dietrichs für ihr Vieh gepachtet haben. Im Winter wird das kleine Hotel runter ins Tal befördert – neben ihr Bauernhaus im Hölzli in Herisau.

Eine Pritsche ist laut Duden eine «sehr einfache, schmale, meist aus einem Holzgestell bestehende Liegestatt». Bei Dietrichs hat man es mit der Luxusversion zu tun: Das Bett füllt fast den ganzen Raum aus, wer sich unter der hübschen Bettwäsche bettet, liegt weich. Das Beste aber ist der Blick durch das transparente Dach zu den Sternen, der die Liege im wahrsten Sinne des Wortes zum Himmelbett macht. Auch sonst jagt in diesem Hüttli ein Highlight das andere: Am gemütlichen Ecktisch stehen zwei Stabellen wie in einem echten Bauernhaus, an den Wänden hängen Bilder, und wenn es kalt wird, wärmt der Ofen, den man natürlich vorher einheizen muss. Doch vielleicht macht das auch Butler Köbi Dietrich mit Hilfe seiner Familie, die einen sowieso nach Strich und Faden verwöhnt.

Wunderbare Gastgeber zu sein liegt den Dietrichs vermutlich im Blut, doch dass sie ihre Passion ausleben, ist zwei Brüdern, den Konzeptkünstlern Frank und Patrik Riklin, zu verdanken. Diese waren einst im Winter am Hof vorbeigekommen und hatten sie überzeugt, bei ihrem Projekt Null-Stern-Hotel mitzumachen. Was für die Familie hiess, dass sie während des Sommers 2017 in Butlerklamotten den Hotelgästen Essen und Trinken ans Bett brachten. Das stand damals auch auf der Alp Göbsi, allerdings ohne Dach.

Im stressigen Leben, sagt Köbi Dietrich, müsse man auch mal «obenabefahre» – herunterfahren. Und das würden alle Gäste, die in seiner Britsche übernachten. Man glaubt es ihm sofort.

Adresse Alpenbritsche, Hölzli 2787, 9100 Herisau, www.hofdietrich.com | **Anfahrt**
Appenzell – Waldstatt, Route 8 – Herisau, nach Kreisel in Cilanderstrasse, nach Ehrle
Carwash links auf Hölzli | **Öffnungszeiten** auf Anfrage | **Tipp** Das Restaurant «Trüübli» im
«Treffpunkt» in Herisau hat eine bewegte Geschichte hinter sich: Die Stube der einstigen
Bauernbeiz wurde 1998 in ihre Einzelteile zerlegt – und hier wieder aufgebaut. Grossartig
(www.treffpunkt-herisau.ch)!

29 — Die Herrgottsglocke

Nur eine ist schwerer

Ein wahres Wunderwerk steckt unter dem Dach der evangelisch-reformierten Kirche in Herisau. Zu Gesicht bekommt es nur, wer die 130 Stufen des Kirchturms emporsteigt. Immerhin ist die Herrgottsglocke, von der hier die Rede ist, von unten zu hören. Sie schlägt zu jeder vollen Stunde. Wer oben gleich danebensteht, dem geht das sonore Ges durch Mark und Bein. «Ganze acht Minuten klingt der Ton nach», weiss Mesmer Daniel Künzle. Aber es ist nicht nur der Klang, der die Glocke so aussergewöhnlich macht. Mit einem Gewicht von über 9,12 Tonnen – allein der Klöppel wiegt 300 Kilogramm – ist die Herrgottsglocke nicht nur die zweitschwerste der Schweiz (die schwerste hängt im Berner Münster), sie soll auch eine der schönsten in ganz Europa sein.

Glockengiesser Franz Anton Grieshaber aus Waldshut hat sie mit filigranen Verzierungen zu einer Schönheit veredelt. Detailreich zeigen die vier Reliefbilder die Geburts- und Kreuzigungsgeschichte Jesu sowie die Heilige Dreifaltigkeit. Papst Benedictus XIV., der die Glocke im 18. Jahrhundert in Auftrag gab, ist ebenfalls darauf verewigt. Auf der Aufhängung sind zudem die vier Evangelisten Matthäus, Markus, Lukas und Johannes mit ihren Symbolen – Adler, Engel, Löwe und Stier – abgebildet.

Grieshaber schuf die Glocke 1756 aus Kupferbronze und Zinn ursprünglich für das Zisterzienserkloster Salem am Bodensee. Als dieses aufgelöst wurde, stand sie zum Verkauf. 1807 erwarben die Herisauer die Glocke für 8.000 rheinische Gulden, was dem Wert von acht mittelgrossen Bauernhäusern entsprach. 18 Pferde zogen sie nach Herisau, wo das 177 Zentimeter hohe Geläut mit einem Durchmesser von 218 Zentimetern von 300 Mannen auf den Kirchturm gehievt werden musste. Die fünf bereits vorhandenen Glocken wurden heruntergenommen, eingegossen und in neuer Form klanglich an die Herrgottsglocke angepasst – sodass sie seither in einem harmonischen Mehrklangbild läuten.

Adresse Evangelisch-reformierte Kirche, Platz 1, 9100 Herisau | **Anfahrt** von Herisau Bahnhof auf die Gossauerstrasse und dieser folgen bis Platz | **Öffnungszeiten** Führungen auf Anfrage unter Tel. 071/3512615 | **Tipp** Im Windegg mitten im Zentrum Herisaus versteckt sich ein kleines Garten-Bijou: der 1694 errichtete Rosengarten, der heute dank der Steinegg Stiftung als Oase der Ruhe und Begegnung entdeckt werden kann (März–Okt. 8–18 Uhr, Juni, Juli, Aug. 8–20 Uhr).

30 Der Robert-Walser-Weg

Spuren eines Literaten

«Ohne Spazieren wäre ich tot, und mein Beruf, den ich leidenschaftlich liebe, wäre vernichtet», lässt Robert Walser (1878–1956) seinen Protagonisten in dem melancholischen Meisterwerk «Der Spaziergang» über die genüssliche Schlenderei philosophieren. Auch Walser selbst war ein leidenschaftlicher Spaziergänger – selbst in den letzten 23 Jahren seines Lebens, die er gegen seinen Willen in der psychiatrischen Klinik in Herisau verbrachte. Geschrieben hat der Autor von Romanen wie «Geschwister Tanner», «Der Gehülfe» und «Jakob von Gunten» in dieser Zeit wohl nichts mehr. Offiziell zumindest. Walser-Kennerin Barbara Auer weiss aber, dass er sich in der Klinik immer wieder Papier und Schmirgelpapier zum Spitzen der Bleistifte abzweigte.

Der rastlose Autor, der seine Jugend in Biel verbrachte und sich später in Berlin, Zürich, Stuttgart, Bern und zuletzt in Herisau aufhielt, muss ein schwieriger Patient gewesen sein, der wenig Kontakt zu anderen Insassen hatte. Umso mehr fand er Kraft in den Spaziergängen. Meistens war er allein unterwegs, oft auch in Begleitung seines Mäzens und Vormunds Carl Seelig. Im Herrenanzug, mit Krempenhut und eng gerolltem Regenschirm machte er sich jeweils auf den Weg, jeden Mittag mehrere Stunden. «Oft machte er im Rüti oberhalb von Herisau halt und genehmigte sich ein, zwei Gläser Bier oder Wein», erzählt Barbara Auer. Von Herisau aus führt ein Teil des Robert-Walser-Weges, der vom Appenzeller Peter Morger initiiert wurde und als erster Literaturweg der Schweiz gilt, bis zum Roserwald. Auf 13 Tafeln sind kurze Texte des Schriftstellers zu lesen. Immer wieder laden Bänklein zum Verweilen ein, dazwischen eröffnen sich herrliche Panoramasichten auf Herisau, den Alpstein und bis zum Bodensee. Ein schöner Platz, zum Sterben schön – hat vielleicht auch Robert Walser gedacht, als er am 25. Dezember 1956 genau auf diesem Weg auf der Wachtenegg seinen letzten Atemzug tat.

Adresse Robert-Walser-Weg, 9100 Herisau | **Anfahrt** Route 8, Urnäsch–Herisau, bis Bahnhof, Startpunkte beim Walser-Brunnen in der Ortsmitte oder beim Psychiatrischen Zentrum in Krombach | **Öffnungszeiten** Führungen Robert-Walser-Pfad, Barbara Auer, Tel. 071/3524591, E-Mail ba.auer@bluewin.ch | **Tipp** Das Robert-Walser-Zimmer im Museum Herisau gibt weitere Informationen zu Leben und Werk des Schriftstellers. Ausgestellt sind ausserdem Originalquellen aus seiner Krankengeschichte und Vormundschaftsdossiers (www.museumherisau.ch).

31 Das Rutenkaminhaus

Die älteste Siedlung des Appenzellerlandes

Kaum vorzustellen, dass dieser beschauliche Weiler einmal so von Bedeutung für die Gegend gewesen sein soll. Um das Jahr 821 hiess der Weiler noch «Suweinperac», was weder mit Schwänen noch mit Schweinen zu tun hat, sondern auf Althochdeutsch Hirtenberg bedeutet. Schwänberg, wie der Ort heute heisst, gehörte bis etwa 1400 zum direkten Einflussbereich der Abtei St. Gallen und gilt als die urkundlich älteste Siedlung des Appenzellerlandes.

Schwänberg liegt etwas abseits der Kantonsstrasse Richtung Herisau in einer leichten Senke mit einem Weitblick gegen Norden bis zum Bodensee. Fast wähnt man sich in einem Freilichtmuseum à la Ballenberg: Auf kleinstem Raum lassen sich einzigartige Baudenkmäler aus sechs Jahrhunderten entdecken. Stattlich sind sie und zumeist auch gut erhalten. Besonders beeindruckend ist das Alte Rathaus, das gar nie eines war, sondern als herrschaftlicher Riegelbau im 17. Jahrhundert für den Arzt und Söldnerhauptmann Hans Conrad Zuberbühler erbaut wurde. Zu dieser Zeit galt der Schwänberg gewissermassen als Herisauer Prominentenviertel, wo sich vor allem Landammänner, Hauptleute und Ratsherren gern niederliessen.

Das älteste noch erhaltene Gebäude aber ist das Rutenkaminhaus mit seinem turmähnlichen Anbau. Es wurde 1491 in regionaltypischer Strickbauweise erbaut. Der noch heute funktionstüchtige Rutenkamin ist erst bei einer Umgestaltung und Aufstockung im Jahr 1674 hinzugekommen, wie die eingeschnitzte Jahreszahl belegt. Es riecht angenehm rauchig, wenn man den Raum betritt. Pechschwarz sind die Wände vom vielen Einfeuern. Zu seinem Namen kam der 12,5 Meter hohe Kamin, weil er mit einem Weiden- und Haselrutengeflecht ausgestattet ist. Noch bis vor wenigen Jahren wurde das Haus nur von diesem Raum aus beheizt. Ganz in Pension gegangen ist der Kamin trotzdem nicht. Die heutigen Besitzer nutzen ihn noch hin und wieder zum Räuchern von Fleisch.

Adresse Rutenkaminhaus, Schwänberg, 9100 Herisau, www.schwaenberg.ch | **Anfahrt** ab Herisau über Degersheimerstrasse bis Schwänberg | **Öffnungszeiten** Besichtigung des Rutenkaminhauses auf Anfrage, Tel. 071/3512370; Altes Rathaus: jeden ersten So im Monat 14–16 Uhr | **Tipp** Einst wurden hier Stühle gebaut, heute sitzt man darauf: in der Alten Stuhlfabrik Herisau. Der kulturelle Begegnungsraum bietet Theater, Literatur, Musik, Kabarett und auch ein Goofetheater (www.stuhlfabrik-herisau.ch).

32 Die Blaue Stube

Post, Bank, Brauerei und Gasthaus

Johann Ulrich Thäler hatte sich recht ins Zeug gelegt und tagelang an seinem Werk gearbeitet. Mit den drei Historienbildern in der «Blauen Stube» in der «Krone» in Hundwil wollte er niemand Geringeren als Napoleon beeindrucken, dessen Durchreise erwartet wurde. Also malte er anno 1815 auf die Felder der Zwischenklappwand des Saals im ersten Stock drei Szenen zum Gründungsmythos der Schweizerischen Eidgenossenschaft: den Rütlischwur, Tells Apfelschuss und den Tellen-Sprung. Und er fügte Verse aus patriotischen Gedichten des reformierten Theologen und Philosophen Johann Kaspar Lavater hinzu. Nur: Napoleon kam niemals vorbei.

Das ist nur eine Geschichte, die das Haus zu erzählen weiss. Die «Krone» ist schliesslich das älteste Gebäude im Dorf Hundwil. Gemäss Giebelinschrift soll es 1599 von Baumeister Debus Bohl aus der Grafschaft Toggenburg errichtet worden sein. Es dürfte sich um einen Ersatzbau für ein noch älteres Gasthaus gehandelt haben, wie Wappenscheiben aus der Zeit um 1540 belegen, die im Historischen und Völkerkundemuseum St. Gallen zu sehen sind.

Die heutigen Inhaber der «Krone», Monika und Roman Speck, kennen noch weitere Geschichten. «Dieses Haus war in der Vergangenheit auch schon mal eine Post, eine Bank und sogar eine Brauerei.» Und weil die «Krone» auch eine Milchzentrale ist, gehört heute noch ein kleiner Tante-Emma-Laden dazu, der von Ananas bis zur Zahnseide auf kleinstem Raum alles anbietet, was ein Mensch im Haushalt braucht.

Zurück zur «Blauen Stube». Die war nämlich schon vor Thälers Malereien ein «Schmucktröckli». Die Gaststube wurde 1776 im Auftrag von Gemeindehauptmann Daniel Engler und seiner Frau Anna Catharina Zuberbühler im Rokokostil bemalt. Auch der grüne Kachelofen stammt aus dieser Zeit, und das Holzuhrwerk, das «Ziitli», ist schon über 200 Jahre alt. So kommt der Besuch der «Blauen Stube» einer Zeitreise durch knapp ein halbes Jahrhundert gleich.

Adresse Restaurant Krone, Dorf 7, 9064 Hundwil, www.krone-hundwil.ch | **Anfahrt** ab
Appenzell über die Enggenhüttenstrasse und auf Hargarten bis Hundwil Dorf | **Öffnungs-
zeiten** Mo, Mi–Sa ab 8 Uhr | **Tipp** In Urnäsch haben viele Kühe noch Hörner. Deshalb
produzieren die Bauern auch einen Hornkuhkäse, den man im Laden der Urnäscher Milch-
spezialitäten AG kaufen kann (www.urnaescherkaese.ch).

33 Die Erlebnis-Alp

Laternliweg, Schwingfest und Themenwege

Wozu braucht die Schweiz Legoland oder einen Europapark? Sie hat doch die Schwägalp! Natürlich stehen keine spektakulären Bahnen am Fuss des Säntis. Braucht es auch nicht, die Natur hat genug zu bieten, zum Beispiel einen der vier Themenwege. Da schreitet man vorbei an Alphütten und erfährt so manches über die Arbeit der Sennen oder über die Strukturen der Genossenschaften, die seit Jahrhunderten nahezu unverändert geblieben sind. Haben Sie etwa gewusst, dass ausschliesslich auf der Schwägalp die Alpzimmer (ein Ensemble von Alpgebäuden) drei Hütten haben? Eine ist die Sennhütte, eine ist für die Kühe und eine für die Schweine. Damit die frische Alpmilch nicht erst ins Tal hinuntergekarrt werden muss, steht auch gleich eine Schaukäserei bei der Talstation. Wer Lust hat, den Käsern über die Schultern zu gucken, wie sie die Milch in den grossen Kupferkesseln zu würzigem Alpkäse verarbeiten, schaut einfach dort vorbei.

Oder soll es echte Action sein? Dann ist bestimmt der Besuch des «Schwägalp-Schwinget» das Richtige: Jeweils im August findet der legendäre Anlass statt, wo sich die Bösen, wie die besten Schwinger genannt werden, vor der grandiosen Naturkulisse untereinander messen. 15.000 Menschen pilgern dann auf die Alp.

Aber auch an anderen Tagen tummeln sich manchmal Hundertschaften von Ausflüglern auf der Schwägalp: Wanderer, Biker und vor allem Motorradfahrer. Und manchmal sogar das Militär mit Truppenübungen. Das hat Tradition, weist doch ein Denkmal beim Restaurant Passhöhe darauf hin, dass genau hier 1943 die ersten Grenadiere ausgebildet wurden.

Bei all dem Trubel kann mancher auch mal etwas Ruhe brauchen. Die kann man im Winter zum Beispiel auf dem romantischen Laternliweg erleben, der von der Passhöhe bis zur Schwebebahnstation durch den tief verschneiten Wald führt. Wem selbst das noch zu viel Betrieb ist, der zieht sich in die Bruder-Klaus-Kapelle zurück – und geniesst einfach nur die Stille.

Adresse Schwägalp, 9064 Hundwil, www.saentisbahn.ch | **Anfahrt** Route 8 Herisau via Hundwil und Urnäsch | **Öffnungszeiten** Schaukäserei: Mai 10–17 Uhr, Juni–Sept. 9–18.30 Uhr, Okt. 10–17 Uhr, Nov. 11–16 Uhr (bei schönem Wetter), individuelle Besichtigungen möglich | **Tipp** Das Gebäude der Säntis-Seilbahnstation beherbergt auch das moderne Dreisternehotel «Säntis – Das Hotel».

HIER WURDEN 1942
UNTER MATHIAS BRUNNER
DIE ERSTEN
GRENADIERE AUSGEBILDET

GREN   KP 33
FÜR FREIHEIT UND KAMERADSCHAFT

34 Die sprechende Brücke

Ein genialer Brückenbauer am Werk

Ihm wäre es wohl peinlich gewesen, mit welchen Superlativen er heute überhäuft wird. Tatsache aber ist, dass er schon lange als Visionär, ja als Superstar seiner Branche galt. Die Rede ist von Hans Ulrich Grubenmann (1709 – 1783) aus Teufen, der heute erst recht als grosses technisches Genie angesehen wird. Mag sein, dass er das Zimmermannshandwerk im Blut hatte, übte doch schon sein Vater diesen Beruf aus. Eine Ausbildung hatte er hingegen zeitlebens nie genossen, sondern sich das Handwerk rein autodidaktisch angeeignet. Bei der Konstruktion seiner wundervollen Brücken und Kirchen wurde er jeweils von seinen beiden älteren Brüdern Jakob und Johannes unterstützt. Sie entwarfen erst kleine Modelle, um die Tragwerkstechniken zu perfektionieren, danach erst ging es an den richtigen Bau. Bald waren die Grubenmänner weit über ihre Heimat hinaus gefragt. Sie bauten mehr als ein Dutzend Brücken, rund 40 Kirchen und viele weitere Profanbauten.

So manches der schönen Bauwerke wurde von den napoleonischen Truppen niedergebrannt, wie etwa die Brücke von Wettingen über die Limmat. Eine besondere ist jedoch erhalten: die Tobelbrücke oder vielmehr die sprechende Brücke, wie man sie nennt. Sie liegt nördlich von Hundwil und ist nur zu Fuss erreichbar. Die 1778 erbaute, gedeckte Hängebrücke aus Fichtenholz ist rund 32 Meter lang und überquert die Urnäsch komplett stützenfrei. Bis 1997 wurde sie, mindestens alle zwei Jahre, jeweils an einem Sonntag besonders rege genutzt – immer dann, wenn die Landsgemeinde stattfand.

Dass die Brücke diesen Namen trägt, hat mit den vielen Inschriften zu tun: Auf ihren Querbalken gibt sie dem Wanderer neben Botschaften aus der Bibel auch Details zum Bau und zur Historie der Brücke mit auf den Weg. Eine besonders gruselige Geschichte erzählt von einer alten Frau, die unten an der Brücke Wanderer abgefangen und nie mehr losgelassen haben soll. Also auf keinen Fall runtergehen!

Adresse Tobelbrücke, 9064 Hundwil | **Anfahrt** von Appenzell auf der Enggenhüttenstrasse nach Hundwil, nach 8 Kilometern im Dorf parken und zu Fuss vorbei am Restaurant Krone in 15 Minuten zur Brücke | **Tipp** In der «Hundwilerhöhe» verkehren Bundesräte und Bauern, Wirtschaftsführer und Handwerker. Das Bergrestaurant auf dem Hügel über Hundwil ist auch ohne die legendäre Wirtin Marlies Schoch (1940–2016) immer noch einen Besuch wert (www.hundwilerhoehe.ch).

35 Der Wetterberg
Auf dem Säntis

Wäre der Säntis ein Mensch, würde man ihn einen Tausendsassa nennen. Als Berg ist er zumindest ein multifunktionaler Hotspot: Wetterstation, Leuchtturm, Schwebebahnstation, Kommunikationsberg, Dorf, Aussichtsberg und sogar Tatort. Doch wo beginnt man auf wenigen Zeilen zu erzählen, was Fachleute in dicken Büchern und Schriftsteller in romantischen Gedichten festgehalten haben?

Natürlich beim Wetter, schliesslich ist der Säntis der Wetterberg schlechthin. Zu verdanken hat er diesen Ruf seiner exponierten, solitären Lage als nördlicher Vorbote der Schweizer Alpen. Majestätisch steht er da und lockt mit seiner 360-Grad-Rundumsicht. Über 400.000 Personen fahren jährlich rauf und hoffen auf gutes Wetter an einem der regenreichsten Orte der Schweiz. In der Tat trägt der Gipfel oft einen «Hut» aus grauen Wolken. Das ist nicht weiter schlimm, lautet doch eine alte Bauernregel: «Hat der Säntis einen Hut, bleibt das Wetter gut.»

1882 wurde die erste Wetterstation errichtet, damals eine der höchstgelegenen Stationen der Welt. Später baute man eine Wetterwarte samt Wärterhaus. 1922 kam der Ort durch den Doppelmord an dem Wetterwart Heinrich Haas und seiner Frau in die Schlagzeilen. Markus Imhoofs Film «Der Berg» (1990) basiert auf diesem Verbrechen. Der Säntis, auf dessen Gipfel die Kantone Appenzell Innerrhoden und Ausserrhoden sowie St. Gallen zusammentreffen, ist auch ein Kommunikationsberg. 1957 nahm die PTT die erste Anlage in Betrieb. Ein Meilenstein war im Jahr 2000 der Bau des gigantischen, 13 Stockwerke hohen Gebäudes. Wie eine ausserirdische Raumstation sieht es aus. Mehr zum Innenleben des Säntis erfährt, wer auf einer Führung die Kavernen mit den Richtstrahlantennen, die erste Membran-Bioreaktor-Abwasserreinigungsanlage Europas oder die acht Füsse des 124 Meter hohen Sendeturms besichtigt. Der ist 414 Tonnen schwer und kann – wenn der Wind tobt – bis zu vier Meter hin- und herwiegen.

Adresse Säntis-Schwebebahn AG, 9107 Schwägalp Säntis, www.saentisbahn.ch | **Anfahrt** Route 16 Wattwil bis Neu St. Johann, links abbiegen auf Schwägalpstrasse bis Schwägalp oder von Urnäsch auf Schwägalpstrasse bis Schwägalp | **Öffnungszeiten** täglich, ausser von Mitte bis Ende Jan. | **Tipp** Auf der schattigen Nordostseite des Säntis befindet sich der Blauschnee-Gletscher. Er ist der tiefstgelegene Gletscher der Schweiz.

36__Der Bancomat
Reste eines Bankgeheimnisses

«Um 1200 von den Toggenburgern auf einem Felssporn an der Thur gegründet (…) Die Altstadt schliesst gegen den Hang hin halbkreisförmig und war ursprünglich durch Graben und Mauer geschützt.» Beim Verein «Die schönsten Dörfer der Schweiz» fällt die Beschreibung von Lichtensteig recht trocken aus. Schade, denn das «Städtli» ist nicht nur hübsch, sondern auch ziemlich geschäftig – im Sinne von innovativ.

Vor allem im Zentrum ist vieles ständig in Bewegung: Mal ist das ehemalige Restaurant Krone ein Pop-up-Restaurant, dann wieder ein Musikbistro. Die Räume der alten Post neben dem Café Huber werden als Coworking Space genutzt, und im «Rathaus für Kultur» haben sich Kulturschaffende einquartiert: Wo einst Sitzungen stattfanden und Ehen besiegelt wurden, sind heute Proberäume und Ateliers untergebracht.

Die Gemeindebehörden sind eine Tür weitergezogen, in die Räume der UBS. Von der Bank ist einzig ein Bancomat übrig geblieben und ein – offenes – Bankgeheimnis: Die Lichtensteiger UBS konnte sich rühmen, die Ur-Filiale des heutigen Weltkonzerns gewesen zu sein, zumindest teilweise. 1863 hatten Kaufleute in Lichtensteig die «Toggenburger Bank» gegründet. Deren Geschäfte wurden in einem Haus beim Dorfeingang von Wattwil herkommend geführt. Ein paar Jahre später zog die Bank auf den «Goldenen Boden» (in eine noch ältere Post), dann zum Untertor und schliesslich ins neu erbaute Gebäude auf dem Rathausplatz – dem früheren Standort der Kirche. Die «Toggenburger Bank» fusionierte 1912 mit der «Bank in Winterthur», was die Geburtsstunde der «Schweizerischen Bankgesellschaft» bedeutete, einer Rechtsvorgängerin der UBS.

Wem jetzt vor lauter Umzügen und Umnutzungen schwindelig geworden ist, der lege sich doch ein wenig an den Rand der Mietrebberge am besagten Hang und lausche einem Konzert bei «Behind the Bush Productions», die sich in einer ehemaligen Scheune eingemietet haben.

Adresse UBS-Bancomat, Hauptgasse 8, 9620 Lichtensteig | **Anfahrt** Route 16 Watt-wil – Lichtensteig | **Tipp** Geheimnisse über Drehorgeln, Spieldosen mit Walzen und Lochplatten, Vogelstimmen und vieles mehr finden sich in Fredy's Mechanischem Musikmuseum (www.fredys-mechanisches-musikmuseum.ch).

37 Das Chössi-Theater
Kleinkunst in der Bahnhalle

Was haben das Chössi-Theater, Ursus & Nadeschkin und der Wasserfluh-Tunnel gemein? Nun, die beiden Schweizer Bühnenkünstler proben im Theater immer mal wieder neue Programme. Um den Wasserfluhtunnel ins Spiel zu bringen, muss man ein bisschen ausholen: Gegenüber dem stattlichen Gebäude steht das Bistro «Alter Bahnhof», das einst, nun ja: ein Bahnhof an der Linie Wil–Ebnat war (er wurde 1870 als Station mit Güterschuppen eröffnet). Später, von 1905 bis 1910, wurde dann der Wasserfluh-Tunnel gebaut für eine weitere Linie – jene von Wattwil nach St. Gallen. In dieser Zeit entstand nicht nur das Restaurant Spanische Weinhalle im Zentrum von Lichtensteig (wo die spanischen und italienischen Gastarbeiter sich am Feierabend trafen), sondern auch der neue Bahnhof. Er kam auf der Kreuzung aller Linien zu stehen, ein Bijou von einem Gebäude, das zum Beispiel der Schweizer Schriftsteller Peter Weber in seinem Roman «Der Wettermacher» als «schönsten Bahnhof Europas» betitelte.

Zurück zum Gebäude, in dem heute das Chössi-Theater untergebracht ist: Bei so viel Bahnverkehr durfte natürlich eine Bahnhalle nicht fehlen – sie kam zwischen altem und neuem Bahnhof zu stehen. Reisende kehrten hier ein, übernachteten sogar, Vereine nutzten den Saal für Festivitäten. 1986 zog das Chössi-Theater von Wattwil in die mittlerweile leer stehende Bahnhalle – erst in die ehemalige Kantine im ersten Stock, 1992 dann ins Untergeschoss in den heutigen Theatersaal. Die Chössi – die Kissen – hatten sie mitgebracht, sie kamen nun auf die alten, nicht sehr bequemen Wirtshausstühle zu liegen.

Heute ist das Chössi-Theater schweizweit als beliebte Kleinkunstbühne bekannt. Kaum jemand aus der Szene, der noch nicht hier aufgetreten wäre. Wunderschön auch das Restaurant: Hier kann man sich gut ausmalen, wie einst Reisende eine Pause einlegten – und vielleicht länger blieben als geplant.

Adresse Chössi-Theater, Bahnhalle, 9620 Lichtensteig, www.choessi.ch | **Anfahrt** Route 16 Wattwil–Lichtensteig, vor Agrola-Tankstelle links, dann rechts auf Krinauerstrasse bis Chössi-Theater | **Öffnungszeiten** siehe Webseite | **Tipp** Verborgene Schluchten, Feuerstellen, einen Wasserfall und tolle Badegelegenheiten gibt es in der Aeuli-Schlucht. Man sagt, in der Nacht sei dort manchmal ein Knurren zu hören – der Sage nach soll der Aeuli-Hund, eine schwarze Dogge mit leuchtenden Augen, noch immer den Geldsack eines ehemaligen Lichtensteiger Kaufmanns bewachen.

38 Die Modelleisenbahn
Ein wahr gewordener Bubentraum

Als wenn man inmitten eines bewegten Wimmelbildes stünde: Dutzende von Eisenbahnzügen ziehen ihre Runden, fahren über Brücken und vorbei an hübschen Dörfern, machen halt in Bahnhöfen, verschwinden in Tunnels und tauchen wieder auf. Man weiss gar nicht, wohin schauen. Hans Gross vom Model Train Club Toggenburg steht konzentriert am Schaltpult und dosiert die Geschwindigkeit der Züge, damit sie im dichten Wirrwarr der Geleise nicht ineinanderprallen. Keine einfache Sache, steht im Auditorium der Erlebniswelt Toggenburg doch die grösste Modelleisenbahn Spur 0 Europas. Beim Anblick dieser 500 Quadratmeter grossen Miniaturwelt mit all den speziellen Lokomotiven, Personen- und Güterwagen – wie dem Roten Pfeil, dem Krokodil oder dem Senator – leuchten nicht nur bei Eisenbahn-Freaks die Augen.

Der Vater dieser Eisenbahnwelt ist der St. Galler Ludwig Weibel. Wieso er nicht Lokführer geworden ist, sondern Modelleisenbähnler? «Mich hat schon immer mehr die Technik interessiert.» Schliesslich ist er ausgebildeter Elektrotechniker. Sein Vater hatte ihn mit dem «Isebähnler»-Virus angesteckt, da war er gerade einmal sieben Jahre alt. «Wir vergrösserten die Anlage, bis sie irgendwann zu Hause keinen Platz mehr hatte.» 1957 baute Weibel dann die Anlage im Dachraum einer ehemaligen Gewerbehalle in Gossau in ihrer heutigen Grosse auf – 40 Meter lang und zwölf Meter breit. 1.400 Meter Schienen brauchte er, und rund 2.500 Drähte musste er so miteinander in einem Schaltpult verlöten, dass seine kleine Eisenbahnwelt reibungslos fährt. Ein technisches Wunderwerk!

Einige Male stellte er die Anlage im In- und Ausland an Veranstaltungen auf. Dann verpackte er sie im Keller – und vergass sie fast. Vor ein paar Jahren, als er die Modelleisenbahn in Einzelteilen verkaufen wollte, schlugen drei Eisenbahnfreaks aus Lichtensteig zu und übernahmen sie – sodass sie heute wieder viele «Isebähnler» begeistern kann.

Adresse Erlebniswelt Toggenburg, Thurstrasse 2, 9620 Lichtensteig, www.erlebniswelttoggenburg.ch | **Anfahrt** Route 8 Wattwil–Lichtensteig, vom Zentrum Lichtensteig Richtung Wil fahren, nach circa 400 Metern links abbiegen auf die Thurstrasse und dem Wegweiser folgen | **Öffnungszeiten** Mi, Sa, So 10.30–16.30 Uhr | **Tipp** Wer nichts mit Eisenbahnen am Hut hat, findet in den Räumlichkeiten noch andere Trouvaillen wie etwa die Sammlung von Oldtimer-Motorrädern von Sepp Schlumpf oder die Puppensammlung von Elsa Walz.

39__Das Portal

Jost Bürgi ging hier zur Lehre. Jost wer?

«Beim Betrachten des Himmels schwingt immer eine Prise Jost Bürgi mit.» Es sind grosse Worte, die am Symposium gesprochen werden, man reibt sich die Augen und fragt sich, vielleicht heimlich: Wer um Himmels willen war Jost Bürgi?

Sicherlich mehr als nur der Uhrmacher, als der er sich selbst lange bezeichnete. Das lässt auch die Anwesenheit des Schweizer Astronauten Claude Nicollier an besagtem Kongress erahnen. Mit der Raumfahrt hat Bürgi, 1552 in Lichtensteig geboren, insofern zu tun, als Reisen im All erst durch präzise Berechnungen möglich wurden. Dies war Bürgis Spezialität, immerhin schenkte er der Welt die Sekunde: Er entwickelte die erste astronomisch genutzte Sekundenuhr überhaupt. Und mehr: Er baute imposante Himmelsgloben, uhrwerkgetrieben und mit genauen astronomischen Funktionen (eine Nachbildung des Zürcher Himmelsglobus, der im Schweizerischen Landesmuseum steht, ist in Lichtensteig im Fenster des Restaurants Soul Kitchen zu sehen). Bürgi gilt als Miterfinder der Logarithmen und trug – um es dramatisch auszudrücken – wie die genialsten Wissenschaftler der frühen Neuzeit Kopernikus, Tycho Brahe, Galileo Galilei und Johannes Kepler seinen Teil zum Fortschritt der Menschheit bei.

Jost Bürgi verliess Lichtensteig, das mittlerweile eine Turnhalle, ein Schulhaus, eine Strasse nach ihm benannt und einen Gedenkstein sowie ein Denkmal aufgestellt hat, mit 27 Jahren, um als Hofuhrmacher in Kassel zu arbeiten. In gleicher Funktion wurde er als Erfinder praktischer Instrumente an den kaiserlichen Hof in Prag berufen (als ein Kollege von Kepler). Man nimmt an, dass er vor Beginn seiner steilen Karriere unter anderem beim Goldschmied David Widiz in die Lehre ging – im «Alten Schäfli» an der Hintergasse 23, dem Haus mit dem vielleicht schönsten Portal im Städtchen.

Was genau und ob überhaupt er tatsächlich dort gelernt hat, steht jedoch – in den Sternen.

Adresse Hintergasse 23, 9620 Lichtensteig | **Anfahrt** Route 16 Wattwil–Lichtensteig, Parkhaus Wolfhalden (Hauptgasse 12), zu Fuss ins Städtchen, links in die Hintergasse | **Tipp** Auch eine Erfinderin, allerdings ganz anderer Art, ist Astrid Nigg: In ihrem Atelier stellt sie Naturseifen, Badebomben und Raumsprays her (www.toggenburger-naturseifen.ch).

40___Die Städtlichäsi

Warum Willi Schmid weltbekannt ist

Willi Schmid ist Weltmeister im Käsemachen. Zweimal, 2010 und 2012, hat er die höchste Auszeichnung für den besten Jersey Blue, einen Blauschimmelkäse aus Kuhmilch, nach Hause geholt. Genauer: nach Lichtensteig, wo seine Käserei, die Städtlichäsi, steht, die er zusammen mit seiner Frau und den drei Kindern betreibt.

Willi Schmid, der eigentlich Bauer werden wollte, aber dann eine Käserlehre machte, weil der elterliche Hof in Nesslau schon vergeben war, hat seit 2006 fast 30 Käse kreiert, einer spezieller als der andere. Seine Erfindungen heissen Blaue Geiss, Bergmatter oder Hölzig Schaf. Bergfichte, Rosali oder Zigerkleekäse. Manche der hübschen Etiketten seiner Käse haben seine Frau und seine Kinder gezeichnet. Auch mit seiner ersten Kreation, dem Mühlestein, hat Willi Schmid Preise gewonnen: Der Naturschimmelkäse hat ein Loch in der Mitte und eine Grauschimmelrinde. Und den Geschmack von Joghurt. Logisch, dass der kleine Verkaufsladen am Dorfende ein Paradies für Käseliebhaber ist.

Und diese kommen von weit her, weil Willi Schmid auf der ganzen Welt bekannt ist. In Amerika verehren ihn vor allem Käsefreaks oder prominente Käse-Liebhaber: Der ehemalige US-Präsident Barack Obama jedenfalls mochte den «Blauen Büffel», als er ihn beim Schweizer Spitzenkoch Daniel Humm in New York kostete. Ein Drittel der ungefähr 80 Tonnen, die in Lichtensteig produziert werden, gehen ins Ausland.

Und das Geheimnis dieses Erfolges? Die Liebe des Käsers zum Käsen. Und wohl auch seine Prinzipien: Willi Schmid arbeitet mit wenigen Bauern zusammen, die er alle gut kennt. Er verwendet ausschliesslich Rohmilch und diese nur von Braunvieh und Jersey-Kühen. Er hat grossen Respekt vor Natur und Tier und besitzt immenses Wissen um die Kreisläufe der Natur – vor allem um jene des Toggenburgs mit seinen lehmigen Böden, die die Milch so besonders machen. Und seinen Käse so begehrt.

Adresse Städtlichäsi, Uttenwilderstrasse 2, 9620 Lichtensteig, www.willischmid.com |
Anfahrt Route 8 Wattwil–Lichtensteig, am Dorfende rechter Hand | **Öffnungszeiten**
Mo–Fr 8.30–11.30 Uhr, Fr 16–19 Uhr, Sa 8–12 Uhr | **Tipp** Nur ein paar Schritte weiter
betritt man den nächsten kulinarischen Himmel: den Verkaufsshop der Firma Kägi. Dort,
man ahnt es, gibt es weit mehr zu kosten (und zu kaufen) als die weltberühmten Kägifret
(www.kaegi.com).

41_ Das Wirtshausschild

Action im Toggenburger Museum

Wirklich wahr: Der «Mohr» auf der Rückseite des Schildes (oder der vorderen, wie man will) sieht ein wenig angeschlagen aus. Angetrunken vielleicht, er hält ja einen Kelch mit Wein in der Hand. Was Betrachter in die Irre führt, denn der Mann stellt eigentlich einen Türken dar, der für ein Kolonialgetränk wirbt: für Kaffee, der den Geist aufweckt, das Getränk der Aufklärer. Das Schild hing während der Helvetik in der Republik Schweiz – eine Erfindung Napoleons – an einem Gasthaus im Wattwiler Ortsteil Bunt. Von 1798 bis 1803 gehörte das mittlere und untere Toggenburg mit den beiden Appenzell und dem nördlichen Teil St. Gallens zum neu geschaffenen Kanton Säntis. Das Schild ist eines von fünf erhaltenen Relikten der Helvetik in der Ostschweiz.

Darstellungen von Mohren – damit waren mauretanische Eroberer des mittelalterlichen Spaniens gemeint – waren gang und gäbe auf Schweizer Wirtshausschildern. Obwohl man einen solch dunkelhäutigen Mann nur von den Heiligen Drei Königen her kannte.

Im Toggenburger Museum ist also richtig, wer historische Objekte sehen will, aber auch, wer spannende Geschichten liebt: Im Toggenburg war der Teufel los in den letzten Jahrhunderten! Hier tummelten sich Höhlenbewohner, Wirtschaftsbarone, Instrumentenbauer, Astronomen und Schriftsteller. Und Babeli Giezendanner: Ende des 19. Jahrhunderts verdiente die Witwe mit drei Kindern ihren Lebensunterhalt mit Malen und Zeichnen, unter anderem sind im Museum digitalisierte Einträge in Poesiealben der Überlebenskünstlerin zu sehen. Selbst Krimifans kommen auf ihre Kosten. Zwei Schritte vom Eingang entfernt lehnt ein kleiner Grabstein – ein Mahnmal für den Mord an der zehnjährigen Frida Bruggmann 1878. Der Roman «Novembereis» von Monika Rösinger handelt davon. Die Tat war Anlass dafür, dass die Todesstrafe für ein halbes Jahrhundert wieder ins St. Galler Strafgesetzbuch aufgenommen wurde.

Adresse Toggenburger Museum, Hauptgasse 1, 9620 Lichtensteig, toggenburgermuseum.ch |
Anfahrt Route 8 Wattwil–Lichtensteig, bei der Kreuzung im Zentrum links. Einfacher ist
das Museum mit dem Bus 770 (Haltestelle Obertor) zu erreichen. | **Öffnungszeiten** siehe
Webseite, Führungen das ganze Jahr möglich (Tel. 071/9888181) | **Tipp** Ein paar Schritte
weiter, im Erdgeschoss des ehemaligen «Schmalzhauses» an der Hintergasse 9, liegt die
Gall'sche Offizin. Es ist ein kleines Paradies für Typografen: Beinahe wie zu Gutenbergs
Zeiten werden in dieser Handsetzerei und Handpressdruckerei mit antiken Geräten und
Schriftsätzen Urkunden oder Karten hergestellt (www.lichtensteig.ch).

42___Der Papageienhof

Ein Paradies für schräge Vögel

Am Anfang waren Pepita und Nostra. 2004 stiess Plättlileger Marcel Jung auf die beiden Gelbbrustara-Damen – im Keller eines Hauses, in dem er einen Auftrag ausführte. Die Tiere schienen ihm verwahrlost, und so nahm er sie kurzerhand zu sich nach Hause nach Hönenschwil bei Dicken. Schnell sprach sich herum, dass es den Papageien dort recht gut gehe, und immer mehr Leute brachten ihre Vögel zum «Papageienvater». Mittlerweile ist das geräumige Bauernhaus ein Tierheim mit über 300 Tieren. Und das einzige Alters- und Pflegeheim für Papageien in der Schweiz.

Das grösste Problem von Papageien ist in unseren Breitengraden ihre hohe Lebenserwartung. Oft kommt es vor, dass Frauchen oder Herrchen ins Altersheim umzieht – und der Vogel heimatlos wird. Oder es geht aus anderen Gründen nicht mehr, wie es beim Hellroten Ara Reto der Fall war: Reto mag nun mal keine Männer. Seine frühere Besitzerin musste ihn deshalb beim Papageienhof abgeben – er hatte mehrmals ihren neuen Freund angegriffen. Bis heute bevorzugt Frauenheld Reto Pflegerinnen, und zwar solche, die ihre Haare offen tragen (das gilt übrigens auch für Besucherinnen!).

In diesem Gnadenheim für Kleintiere schwirren aber keineswegs nur Vögel herum. Dutzende Katzen schleichen durch den verwinkelten, terrassierten Garten, Hunde bellen (oder auch nicht), ehemalige Legebatterie-Hühner gackern – und legen Eier, wenn sie gerade Lust dazu haben. Auch Fasane und Kraniche sind zu sehen und Wellensittiche zu hören. Es gibt Schildkröten, Leopardgeckos oder Bartagamen, eine Reptilienart. Wer sich durch dieses abenteuerliche Tierheim führen lässt, lernt viel: etwa dass Papageien keine Chance hätten, in der Schweizer Natur allein zu überleben. Das heisst auch, dass hier in Dicken keine Findlinge wohnen. Und sollte einmal einer abhauen, würde er früher oder später wieder zurückkommen. Weil er Hunger hat.

Adresse Büsi- und Papageienhof, Hönenschwil 203, 9115 Dicken, www.papageienhof.ch |
Anfahrt Route 8 Wattwil–St. Peterzell, nach der Tankstelle links den Schildern nach
Dicken folgen, dort wieder links hochfahren | **Öffnungszeiten** Mo–Sa 8–12 und
13–17 Uhr, Führungen nur auf Voranmeldung: Tel. 071/3771064 | **Tipp** Zwischen Dicken
und St. Peterzell liegt der Obstgarten Albisboden – unter anderem ist er Versuchsgelände für
die Stiftung Pro Specie Rara. Auf der Plantage wachsen 400 Obst- und 100 Wildobst- und
Beerensorten, viele davon gibt es direkt ab Hof zu kaufen (www.albisboden.ch).

43__Der Baumwipfelpfad

In luftiger Höhe durch den Wald flanieren

Fast wie ein Vogel, der von Baum zu Baum hüpft, fühlt man sich, wenn man hoch oben zwischen den Baumwipfeln flaniert. Nur sind wir an den Pfad gebunden, der wie eine Brio-Bahn durch die Baumkronen angelegt ist. Neben einem Perspektivwechsel bietet der Baumwipfelpfad in Mogelsberg durch seine verschiedenen Wald-Stockwerke auch viel Informatives: 40 Stationen in luftiger Höhe und am Boden erklären das Leben von Fauna und Flora im Wald. So erfährt man einiges über die Sprache der Pflanzen, die sogenannte Strauchschicht oder die Sauerstofffabrik Wald.

An der Spitze der Plattform guckt man durch eine Glasscheibe 50 Meter in die Tiefe, sodass einem fast schwindelig wird. Lässt man den Blick in die Ferne übers Neckertal schweifen, sieht man auf den Hügeln die Streusiedlungen, die diese Gegend so einzigartig machen. Wieso hier die Häuser so verstreut stehen, hat vielleicht tatsächlich mit der Legende vom Riesen zu tun, der einst mit einem Sack voller Häuser durchs Toggenburg und Appenzellerland zog und hie und da eines durch einen Riss im Sack verlor.

Es ist kein Zufall, dass der erste Baumwipfelpfad der Schweiz gerade an diesem Ort entstand. Im Steinwäldli konnten sich die Erbauer das natürliche Gefälle des Geländes zunutze machen, sodass man ebenerdig auf den imposanten Holzsteg gelangt. Um den 500 Meter langen, kinderwagentauglichen Pfad anzulegen, musste kaum ein Baum gefällt werden. Nach den Verheerungen von Orkan Vivian 1990 und Sturm Lothar 1999 konnte sich ein vielfältiger Mischwald entwickeln. Beeindruckend sind die Zahlen zum verbauten Material für den Pfad: 464 Kubikmeter Toggenburger Holz wurden für die 168 Stützen verwendet.

Trotzdem wirkt die Holzkonstruktion filigran. Es lohnt sich übrigens, auch den Weg am Boden zu nehmen. Dort finden Kinder – und Erwachsene – einen Spielplatz mit Balancierstämmen, Riesenmurmelbahn, Seilrutsche und Waldxylofon.

Adresse Baumwipfelpfad, Lettenstrasse 19, 9122 Mogelsberg, www.baumwipfelpfad.ch | **Anfahrt** Route 8 Wattwil via Lichtensteig nach Brunnadern und dann auf der Hauptstrasse und Neckertalerstrasse nach Mogelsberg bis Lettenstrasse, dort parken und zu Fuss dem markierten Weg folgen | **Öffnungszeiten** April – Okt. Mo – So 9.30 – 18 Uhr, Nov. – März Mi – So 10 – 16 Uhr | **Tipp** Einst eine Poststation, dann eine Kommune und heute ein renommiertes Gourmet-Lokal: Das Gasthaus Rössli in Mogelsberg wartet mit einer kreativen biologischen Küche auf (www.roessli-mogelsberg.ch).

44__ Das B&B im Türmlihaus

Wo die Wände atmen können

Manchmal, sagt Claudia Kutzelmann, würden Gäste den ganzen Tag im Erkerzimmer lesen. Oder zeichnen. Das kann man sich gut vorstellen, es ist hell im Türmli, und die Aussicht ist toll, selbst bei schlechtem Wetter. Der Anbau gehört zum Zimmer «Americas». Auch die anderen drei Schlafzimmer im B&B Casa Claudia zeugen von den Reisen der Gastgeber: «Asia», «Neuseeland» und «Pazifik». Im Parterre kann man sich ebenfalls «herauslehnen» und an den Tisch im Erker setzen.

Häuser mit hervorstehenden Erkern heissen Türmlihäuser und gehören zum Toggenburger Landschaftsbild. Die drei wohl beeindruckendsten stehen nicht weit entfernt im Weiler Furt zwischen St. Peterzell und Brunnadern. Sie stammen alle vom gleichen Baumeister: Josef Brunner. Die Türmlihäuser waren nicht Strickbauten, Häuser, bei denen die Ritzen zwischen den Balken mit Hanfstricken abgedichtet wurden, sondern Riegelbauten. Mit sehr auffälligen Türmchen – Anfang des 17. Jahrhunderts liess sich solche Erkertürme bauen, wer im Viehhandel oder als Söldner reich geworden war. Der Bauherr der Türmlihäuser rechter Hand der Strasse war der Richter und Landeshauptmann Jost Grob, also einer, der sich solche Extravaganzen leisten konnte. Baumeister Brunner übrigens erstellte schliesslich das dritte Türmlihaus für sich selbst. Es diente zeitweise auch als Gasthof und wurde mehrmals umgebaut.

Die Casa Claudia entstand knapp 300 Jahre später, ganz modern nach baubiologischen Grundsätzen, mit viel einheimischem Holz – Apfelbaum in der Küche, Kirsche für die Treppe, Fichte für die Wände. Das ist mitunter auch ein Grund, warum das Haus viel älter aussieht, als es ist: Die Fassade wurde nie mit Giftstoffen verputzt. Dass das Material atmen kann, merkt auch, wer im Türmli sitzt. Es knackt und knarzt ab und an, als ob das Haus leben würde. Und hört man genau hin, erzählt es trotz seines jungen Alters die eine oder andere Geschichte.

Adresse Casa Claudia, Oberer Baumgarten 23, 9127 St. Peterzell, www.casa-claudia.ch |
Anfahrt Route 8 Wattwil – St. Peterzell, vor dem «Restaurant Rössli» links in die Baum-
gartenstrasse, die erste Abzweigung rechts in die «Obere Baumgarten», die Casa Claudia ist
das oberste Haus auf der linken Seite | **Tipp** Die Ruine Neutoggenburg – von den Grafen von
Toggenburg im 12. Jahrhundert erbaut – liegt ganz nahe: Von der Passhöhe Wasserfluh (auf
dem Weg nach Lichtensteig) sind es nur ungefähr 20 Minuten zu Fuss (Schildern folgen).

45 Die Hanf-Plantage

Rauchen verboten, schnuppern erlaubt

Auch wenn es vor der alten Weberei am Tüfenbach in Wald-Schönengrund verlockend nach Cannabis riecht, heisst das noch lange nicht, dass man sich an den Pflanzen bedienen darf. Sie sind ja auch nicht zum Rauchen gedacht, sie sollen heilen. Gleich drei Firmen sind hier zu Hause: die Ai Fame GmbH und ihre Tochtergesellschaften Ai Lab Swiss AG und Swiss Cannabis SA. Alle drei haben sich der Zucht, dem Anbau und der Weiterverarbeitung von Cannabispflanzen verschrieben. «Alles legal», betont die Assistentin des Geschäftsleiters und verweist auf die Zertifikate des Schweizerischen Heilmittelinstituts Swiss Medic. Seit 2016 verfügt das Unternehmen über eine Bewilligung zur Herstellung von pharmazeutischen Wirkstoffen aus Cannabis.

Noch intensiver riecht es, wenn man auf einer Führung einen Blick in die 500 Quadratmeter grosse Anlage wirft. Dort wachsen die Hänflinge bei künstlichem Licht nach einem genau festgelegten Rhythmus bei konstanter Temperatur und Luftfeuchtigkeit – und unter strengsten hygienischen Bedingungen. Auf weiteren Stockwerken werden Stecklinge der Mutterpflanzen in kleinen Kammern kultiviert, den «Kinderstuben» sozusagen. Rund 17 Wochen dauert es von der Pflanzung bis zur Ernte. Dann werden die Pflanzen weiterverarbeitet – extrahiert, filtriert und destilliert – und der reine Wirkstoff im Labor genauestens untersucht.

Das Besondere an den Ai-Fame-Pflanzen ist, dass sie nur wenig vom psychoaktiven Wirkstoff Delta-9-Tetrahydrocannabinol, kurz THC, enthalten. Dafür umso mehr von dem Wirkstoff Cannabidiol, kurz CBD, der entkrampfend, entzündungshemmend und angstlösend wirkt. Das macht die Produkte auch so begehrt. Mit 14 Mitarbeitern hat das Unternehmen inzwischen sogenannte «Hanftheken» in der ganzen Schweiz eröffnet. Denn aus Hanf lassen sich auch Müesli und Tee, Öle und Tropfen, Shampoos und Pflegecremes herstellen.

Adresse Ai Fame GmbH, Tüfi 450, 9105 Wald-Schönengrund | **Anfahrt** Route 8 Watt-
wil via Lichtensteig und St. Peterzell 12,8 Kilometer bis Schönengrund, rechts abbiegen
auf Tüfi | **Öffnungszeiten** Führungen auf Anfrage unter Tel. 071/3600188 | **Tipp** Im
ehemaligen Schulhaus Rank in Schwellbrunn werden Geschichten zu Büchern und
Magazinen. Das Verlagshaus mit Verkaufsladen ist auch Herausgeber des Appenzeller
Kalenders und des Toggenburger Jahrbuchs. Führungen sind auf Anfrage möglich
(www.verlagshaus-schwellbrunn.ch).

46 Die Beinstampfi

Wo Knochen zu Mehl verarbeitet wurden

Die Vorstellung mutet etwas gruselig an: tote Tierknochen auf dem Estrich. Anfang des 20. Jahrhunderts war das noch gang und gäbe. Beim Schlachten eines Tieres wurde schliesslich möglichst alles verwertet. Selbst ausgekochte Suppenknochen trocknete man auf dem Estrich, um sie weiterverarbeiten zu können. Sie wurden in eine Beinstampfi gebracht. Wie zum Beispiel ins Ijental bei Nesslau, wo seit 1853 eine solche Knochenstampfe besteht. Bis Mitte des 20. Jahrhunderts gab es noch in fast allen Gemeinden der Schweiz eine solche, heute ist die Nesslauer eine der ganz wenigen, die erhalten blieb.

Als «Hightech» galt damals diese Verarbeitung, wie der Nesslauer Lehrer Lukas Heim auf einer Führung erklärt. Die kalzium- und phosphorhaltigen Knochen wurden nämlich so lange gestampft, bis das Mehl fein genug war, dass es neben Jauche und Mist als Dünger auf die Felder ausgebracht werden konnte. Noch um das Jahr 1900, als die Beinstampfi im Besitz von Jakob Scherrer war, stellte man im 15-Stunden-Betrieb pro Tag ungefähr 50 Kilo Knochenmehl her – für einen Tageslohn von zwei Franken. Während des Zweiten Weltkrieges wurde die Anlage gesperrt, weil die Knochen zur Seifenherstellung verwendet wurden. Nach dem Krieg kam der Betrieb nie mehr richtig in Gang, und so schloss man ihn 1948.

Ab 2000 restaurierte Lukas Heim die Beinstampfi und machte sie wieder für Führungen betriebsfähig. Um die sechs Stampfen in Betrieb zu setzen, muss man ein Stück bachaufwärts gehen, wo das Wasser aus dem Ijentalerbach zum Zufluss der Mühle abgeleitet wird. Erst fliesst das Wasser noch unterirdisch in einem gedeckten Kanal, dann in Rohren. Beim Wasserrad schliesst Lukas Heim die Schleuse. Sobald das Staubecken voll ist, dreht sich das Wasserrad und bringt die Stampfi in Schwung. Ein lautes Hämmern erklingt im Innern des kleinen Holzschopfs, wo der Wellenbaum die schweren Stempel hebt und beim Fallen die Knochen zertrümmert.

Adresse Beinstampfi, 9650 Nesslau | **Anfahrt** Route 16 Wattwil bis Nesslau (13 Kilometer), nach dem Hotel Sternen rechts abbiegen auf Schneit, dann zu Fuss in circa 20 Minuten zur Beinstampfi | **Öffnungszeiten** Führungen auf Anfrage bei Lukas Heim, Tel. 071/9942739 | **Tipp** «Welche ist die schönste Kuh im Land?», heisst es jeweils am ersten Mittwoch im Oktober. Dann findet in Nesslau die grösste Viehschau der Ostschweiz mit über 1.000 Kühen statt.

47_ Der Brockisaal

Geschichtsträchtiges Festlokal

Von wegen angestaubt! Selbst wenn das Geburtstagsessen zwischen alten Bauernmöbeln serviert wird. Oder die Hochzeitstorte auf der bemalten Anrichte aus dem letzten Jahrhundert angeschnitten wird, während eine hölzerne Heiligenstatue der Idda von Toggenburg zusieht: Ein Fest im Brockisaal ist ein Erlebnis. Auch, weil man in diesem Antiquitätenladen aus dem Staunen nicht mehr herauskommt.

Seit 2006, als Werner Elsener mit seinen gebrauchten Möbeln von Neu St. Johann hergezogen ist, stehen hier ausgewählte Stücke und Raritäten aus der Ostschweiz, hauptsächlich aus dem Toggenburg. Das 150-jährige Gebäude – einst eine Pension – ist der perfekte Ort für das «Bauernmöbel-Brockehus»: weil es so geräumig ist und selbst schon eine Geschichte erzählt. Werner Elsener nutzte dies, indem er seine Ware nicht nur im weiträumigen Eingangsbereich ausstellte, sondern auf die verschiedenen Räume verteilte – als wäre es ein richtiges Wohnhaus.

Die Stufen knarren und knorzen beim Aufstieg in den ersten Stock, wo man sich zum Beispiel in einer Stube wiederfindet. Und denkt: Ach, wenn doch die Pendeluhr oder die Kommode sprechen könnte! Die Nähmaschine im Nähzimmer und das Spielzeug in der Kinderkammer! Das Ganze erinnert tatsächlich an ein lebensgrosses Puppenhaus. Oder an ein Museum, in dem man alles auch kaufen könnte. Nur logisch, dass deshalb manche Möbel tatsächlich den Weg ins Toggenburger Museum gefunden haben.

Früher hat Werner Elsener, der das Brockehus an einen Nachfolger weitergegeben hat, oft Schränke abgedeckt, um die wundervollen Malereien wieder sichtbar zu machen, die schlaue Bauern übermalt hatten. Die meisten übrigens zwischen 1798 und 1805, um sie vor den französischen Soldaten auf ihren Beutezügen als wertlos aussehen zu lassen. Dieser Tage finden vor allem Wirtshaustische reissenden Absatz. Vielleicht, weil es sich an denen so gut feiern lässt.

Adresse Bauernmöbel Brockehus, Hauptstrasse, 9650 Nesslau, www.9090.ch | **Anfahrt**
Route 16 Wattwil–Nesslau, ungefähr 3 Minuten nach Ortsende rechter Hand | **Öffnungs-
zeiten** Sa 10–16 Uhr oder auf Anfrage: Tel. 079/6929090 | **Tipp** Bei festlichen Anlässen
sorgen Stefano Cutolo und seine Frau Vreni vom Restaurant Freihof für das Wohl der Gäste
im Brockisaal. Das Gasthaus, das an das Brockehus anschliesst, hat auch während der Woche
geöffnet (www.freihof-germen.ch).

48_ Der Doppelstein

Ein Platz für Chiles Präsidenten

Jedem gebühren seine «15 minutes of fame», meinte der Künstler Andy Warhol einst. Warum nicht auch den beiden Granitblöcken, die heute unscheinbar am Thurweg in Nesslau stehen? Sie haben ihren grossen Auftritt schon hinter sich: Am 17. März 1995 weihte der damalige chilenische Präsident Eduardo Frei Ruiz-Tagle das Denkmal höchstpersönlich ein. «Hunderte von Menschen kamen – und ganz viele Sicherheitsleute», erinnert sich Rolf Huber, der ehemalige Ratsschreiber und heutige Gemeindepräsident von Oberriet.

Den Besuch ins Rollen brachte Ende 1993 ein Gratulationsschreiben der Gemeinde Nesslau. Sie beglückwünschte Frei Ruiz-Tagle zur gewonnenen Präsidentschaftswahl, stammte doch seine Familie ursprünglich aus Nesslau und besitzt noch heute das Bürgerrecht. 1909 war Grossvater Eduard Frei nach Chile ausgewandert, wo er eine Familie gründete. Aus der Ehe entsprangen die Kinder Arturo, Irene und Eduardo, der von 1964 bis 1970 Präsident des Landes war.

Als dessen Sohn, ebenfalls Eduardo getauft, zwei Jahre nach seiner eigenen Präsidentschaftswahl die Schweiz bereiste, wünschte er sich, auch seinen Bürgerort Nesslau zu besuchen. «Man spürte, dass ihm seine Wurzeln wichtig sind», erzählt Huber. Und auch die Gemeinde tat alles, um ihren berühmten Bürger zu ehren. Der Stammbaum der Familie wurde minutiös aufgearbeitet, dazu wurde ein Doppelstein mit eingemeisselter Schweizer und chilenischer Flagge aufgestellt. Seither heisst der Platz: «Platz Präsidenten von Chile».

Der Standort ist nicht zufällig gewählt. Genau von dort aus blickt man auf den Weiler Schneit, wo einst das Haus der Vorfahren Freis gestanden haben soll. Zugegeben, die «15 minutes of fame» dauerten bei der Einweihung wohl etwas länger: Nach dem offiziellen Akt wurde noch ein Apéro-Riche aufgetischt. «Mit Toggenburger Spezialitäten, Schlorzifladen inklusive», berichtet Rolf Huber. «Der schmeckte dem Präsidenten besonders gut.»

Platz "Präsidenten von Chile"
Eduardo Frei M.   1964-1970
Eduardo Frei R. T   1994-2000
17. März 1995

Adresse Thurweg, 9650 Nesslau | **Anfahrt** Route 16 von Wattwil Richtung Nesslau, nach 13,2 Kilometern rechts abbiegen auf Schneit und parken, zu Fuss circa 15 Minuten den Thurweg entlang zum Denkmal | **Tipp** Der Thurweg bietet auf dem Abschnitt bei Nesslau vom Weiler Laad Richtung Stein mit den beiden Giessenfällen (circa 30 Minuten) ein herrliches Naturspektakel.

49__Das Frauenschuh-Tal

Fast hätte die Orchidee das Gemeindewappen geziert

Die Nesslauer hüten ihr Naturparadies vor der Haustür wie einen Augapfel – und würden am liebsten gar nicht verraten, was es alles an Schätzen birgt. Die Rede ist vom Ijental. Südlich des Ortes liegt das stille, verträumte Tal – flankiert vom Nesslauer Schönenboden und dem Ijentalerberg mit dem markanten Blässkopf. Friedlich weiden Kühe und Ziegen auf den von Trockensteinmauern umgebenen Matten, munter sprudelt der Ijentalerbach. Einem Bergsturz im Jahr 1800 ist es zu verdanken, dass sich im Ijental eine besonders bemerkenswerte Fauna und Flora, ohne grossen Einfluss des Menschen, entwickeln konnte. In der Talsohle liegt ein Flachmoor. Kein Wunder, wurde das Gebiet ins Bundesinventar der Landschaften und Naturdenkmale von nationaler Bedeutung aufgenommen, seit 2010 läuft zudem das kantonale Lebensraumprojekt Ijental-Blässlaui.

Nicht zuletzt deshalb, weil in diesem Gebiet 18 verschiedene Orchideen-Arten wachsen. Im lichten Pfeifengras-Föhrenwäldchen auf dem Schutzkegel des Felssturzes kommt der seltene Frauenschuh vor. Weiter oben in den Hängen haben Auer- und Haselhühner eine Heimat gefunden, ebenso Baumpieper oder Turmfalken. Besonders stolz ist Regionalförster Christof Gantner auf die Vielfalt an Schmetterlingen und Heuschrecken im Flachmoor-Gebiet. Neben den Tagfaltern Schwarzer Apollo, dem Alpen-Perlmutterfalter und dem Hornklee-Widderchen leben im Ijental auch Heuschrecken wie die Gebirgs-Beissschrecke. Im Juli blüht das breitblättrige Wollgras und lässt das Flachmoor weiss erscheinen. Um die Schmetterlinge und Heuschrecken zu schützen, werden die Riete im Herbst gestaffelt geschnitten und ein Grasstreifen als Unterschlupf stehen gelassen.

Weil der Gemeinderat Krummenau auf das Frauenschuh-Vorkommen im gesamten Gemeindegebiet so stolz war, hätten sie die seltene Blume am liebsten im neuen Gemeindewappen gesehen, als sie 2004 mit den Nesslauern fusionierten. Leider wurde diese Idee mit einer Stimme Unterschied abgelehnt.

Adresse Ijental, 9650 Nesslau | **Anfahrt** Route 16 Wattwil bis Nesslau, beim Johanneum parken und zu Fuss dem Wanderweg ins Ijental folgen (rund 1 Stunde) | **Tipp** In Lutenwil oberhalb von Nesslau liegt der Badweier – im Sommer der perfekte Ort für eine Abkühlung nach einer anstrengenden Wanderung, im Winter für eine Partie Eishockey.

50__Das schönste Örtchen

Still sein im Buurebeizli Dergeten

Wer mal muss, sollte das unbedingt einmal im Buurebeizli Dergeten erledigen. Dass die Toilette in der Wirtschaft zwischen Nesslau und Stein etwas Spezielles ist, verrät schon die schwere Holztür und das Schildchen, das eine Frau in Tracht zeigt. Schlicht ist dann die Innenausstattung, ein Bänklein, ein Deckel, eine Spülung und eine tolle Aussicht auf grüne Hänge: Dieses stille Örtchen kann sich rühmen, die schönste Toilette der Schweiz zu sein. 2014 gewann es beim «Best of Swiss Gastro Toilet Award» die goldene Klobürste für das schönste und skurrilste WC im Land.

So heimelig das alles sein mag, es wäre schade, zu lange auf diesem Thron aus Holz zu sitzen. Denn wirklich königlich lässt es sich auf den Bänken vor dem Buurebeizli verweilen. Der Blick Richtung Stein ist phänomenal, vor einem erstreckt sich der riesige Garten des Familienbetriebs, rechts ragen die Spitzen der Goggeien empor, und ab und an hört man eine Geiss meckern.

Das Restaurant zwischen Obertoggenburger Bergen und Hügeln gibt es seit 2006. Esther und Melchior Stauffacher wirtschaften zusammen mit Tochter Miriam, der gelernten Landwirtin. Die anderen vier Töchter helfen aus, wann immer es geht. So spektakulär die Umgebung, so unaufgeregt hat die Geschichte der Wirtschaft begonnen – Mutter Esther stellte seinerzeit einen Sonnenschirm und einen Tisch für Wanderer auf, damit diese sich ein wenig erholen konnten. Heute kehren auch Ausflügler und Motorradfahrer ein. Und Eltern, die ihre Kinder am überdimensionalen Memorykasten spielen lassen oder mit den vielen Spielzeugtraktoren. Fast alles, was auf dem Teller landet, stammt aus der Umgebung. Auch die hausgemachte Glace mit Geschmacksrichtungen von Kräutern und Früchten aus dem Garten – und aus der Milch von Miriams gemsfarbigen Gebirgsziegen.

Im Winter wird es jeweils ruhiger auf der Dergeten. Es ist dann sozusagen ein schöner, stiller Ort.

Adresse Buurebeizli Dergeten, Dergeten-Laad, 9650 Nesslau, www.buurebeizli-dergeten.ch |
Anfahrt Route 16 Wattwil–Stein, nach Restaurant Ochsen rechts abbiegen auf Wies, bis
Dergeten | **Öffnungszeiten** Mai–Okt. Mi–So 10 Uhr–Feierabend, Nov.–April Mi–Fr
13 Uhr–Feierabend, Sa, So 10 Uhr–Feierabend | **Tipp** Ungefähr 1,5 Stunden dauert
die Wanderung vom Buurebeizli zur Alpwirtschaft Furgglen vom «Furgglensepp». Weg-
weisern folgen.

51 Das Hobbitland

Ein Bergsturz, ein Burgfräulein und Ahornbäume

Wer von Nesslau die Schwägalpstrasse hinauffährt, fühlt sich bei Ennetbühl plötzlich wie im Film. Hunderte grasüberwachsene Hügel erinnern an das Hobbitland aus «Herr der Ringe». Wundern würde man sich nicht, wenn hinter einem der Hügel plötzlich Gandalf oder Frodo hervortreten würden. Baumeister dieser filmreifen Kulisse war allerdings schlicht die Natur.

Ein grosser «Nagelfluhschlipfsturz» hat bei «Sonnenhalb Ried» östlich von Ennetbühl in unbekannter Vergangenheit stattgefunden, schreibt Albert Heim in seinem Standardwerk «Geologie der Schweiz». Dieser Bergsturz muss so heftig gewesen sein, dass er die Steinbrocken auf der gegenüberliegenden Talseite bis zu 65 Meter den Hang hinaufgeworfen hatte und das Tal verriegelte, sodass bei Seeben ein See entstanden ist. Heute geht man davon aus, dass diese Naturkatastrophe (übrigens in gleicher Kategorie wie der Bergsturz von Goldau anno 1806) vor rund 600 Jahren geschah. Genauere Angaben fehlen aber, obwohl das Gebiet damals schon besiedelt gewesen sein muss.

Die daraufhin erfolgten Massnahmen sind dagegen noch heute sichtbar. Oberhalb der einstigen Abbruchstelle wurden Hunderte von Ahornbäumen gepflanzt, um den Boden zu festigen und weitere Erdrutsche zu verhindern. Inzwischen stehen längst nicht mehr alle Bäume – manche hat der Blitz zerstört, andere wurden ausgehöhlt, um darin Salpeter zu brennen. Einige Dutzend besonders schöner, nun geschützter Exemplare konnten sich auf der Alp «Gössigen» bis heute halten.

Und da ist noch die Geschichte von der Burg oberhalb von Ennetbühl. Sie soll bei diesem Bergsturz vollständig zerstört worden sein. Nur das Burgfräulein hatte Glück: Sie kurte gerade in Rietbad und überlebte. Noch heute heisst in dem Gebiet eine Weide «Burghalde» und ein mächtiger Fels «Schlossberg». Und man munkelt, dass irgendwo tief unten im Luterentobel Goldstücke aus der Burg liegen müssten.

Adresse 9651 Ennetbühl | **Anfahrt** Route 16 Wattwil bis Neu St. Johann, links abbiegen auf die Schwägalpstrasse bis Ennetbühl Dorf und entweder weiter bis Laui und Rietbad (Bergsturzhügel) oder via Gublen Richtung Alp «Gössigen» (Ahornbäume) | **Tipp** Gleich gegenüber steht der mächtige Stockberg. Von Bernhalden / Luterental führt ein einfacher Wanderweg in 2,5 Stunden auf den Berg.

52 Die Marmorskulptur

Ein Kunstwerk, das die Gemüter erhitzt

«Chabissen»-Stein, Engel, aufgehender Krokus oder einfach Faust – das Monument auf der Alp Chabissen hat viele Namen. Aber eigentlich heisst es «Heie» (was «Bergrücken, wo Friede weilt» bedeutet) und ist ein Geschenk, das sich ein Zürcher Ehepaar zu seinem 60. Geburtstag machte. Viele Wege führen zu dem schmalhüftigen Monolithen, der mitten auf einer Alpweide steht und im Dokumentarfilm und Werkbuch von Brigitte Schmid-Gugler «Das Geheimnis der Heie – Jesper Neergaards Marmorskulptur auf der Chlosteralp» (Appenzeller Verlag) die Hauptrolle spielt. Fremd, verloren und doch mystisch steht da die Skulptur. Manchmal grasen die Kühe zu ihren Füssen. Meistens aber führt sie ein eher einsames Dasein, es sei denn, ein paar Wanderer verirren sich in die Gegend, staunend, plötzlich eine solch monumentale Skulptur vor sich zu sehen. Dabei steht die «Heie» nicht ganz zufällig an diesem Ort, heisst es doch, es sei ein besonderer Kraftort. Vor allem aber bietet die Lage eine wunderbare Rundsicht auf den Hinterfallenchopf und das Säntismassiv.

Der Monolith besteht aus elf aneinandergeschmiegten Lamellen, die sich öffnend in die Höhe ragen. Die sind nicht etwa aus irgendeinem Gestein, sondern aus zart geädertem Carrara-Marmor. Vier Meter hoch und 8,5 Tonnen schwer ist das Kunstwerk, das der dänische Bildhauer Jesper Neergaard im Auftrag des Zürcher Ehepaars geschaffen hat. Und es ist eine von «Sieben Schwestern», die Neergaard an abgelegenen Orten im Gebirge platzieren wollte. Wegen fehlender Sponsoren konnten bisher nur zwei realisiert werden – neben der «Heie» die Skulptur «Eir» in der Toskana.

Über die «Heie» sind sich die Gemüter immer noch uneins: Für die einen ist es eine gelungene Symbiose aus Kunst und Natur, für die anderen bloss ein Ärgernis. Immerhin verhalf das Kunstwerk den Ennetbühler Bauern zu einem neuen Strassenstück hinauf zur Alp Chabissen. Denn irgendwie mussten die 8,5 Tonnen Marmor ja auf den Berg transportiert werden.

Adresse Alp Chabissen, 9651 Nesslau-Ennetbühl | **Anfahrt** Route 16 Wattwil bis Neu St. Johann, links abbiegen auf die Schwägalpstrasse bis Ennetbühl Dorf, von dort zu Fuss via Gublen und Chlosteralp oder via Obere Laui und Hübschholz (circa 1 Stunde) | **Öffnungszeiten** jederzeit zugänglich | **Tipp** Unter dem Label «SACKstark» stellt Ursina Huser in ihrem Atelier in Ennetbühl frische und freche Accessoires und Kindermode her (www.sackstark.net).

53__Die Postkutsche

Mit fünf PS über die Schwägalp

Nicht immer sind es Kühe und Ziegen, die auf der Schwägalpstrasse den Verkehr behindern – vor allem zur Zeit des «Öberefahre» (Alpfahrten). Manchmal sind auch Manta, Max, Nastasia, Roy und Sina unterwegs. Dann ziehen die Freiberger und Moritzburger Pferde die Postkutsche von Werner Stauffacher für Publikumsfahrten über den Pass. Oben auf dem Bock sitzen der Fuhrhalter und sein Kompagnon Sämi Frick in voller Montur: Post-blaue Hosen, rotes Gilet, weisses Hemd, Postillon- und Kondukteuren-Hut. Auch die Sackuhr darf nicht fehlen. Alles wie anno dazumal.

Wer nun glaubt, dass der nostalgische Wagen schon seit ewigen Zeiten über die Schwägalp fährt, irrt. Anders als etwa über den Gotthard oder den Grimsel fuhr auf dieser Strecke nie eine Postkutsche. Diese nostalgische Überfahrt ist neueren Datums und ein kleiner Traum, den sich Stauffacher, der in Rietbad eine Weissküferei betreibt, erfüllt hat. Nach über zehnjähriger Vorbereitung fährt seine original nachgebaute Postkutsche erst seit 2008.

Eine Fahrt ist nicht nur für die Pferde eine anstrengende Sache, wiegt doch die Postkutsche allein schon fast 1,5 Tonnen. Auch für die ganze Crew ist sie ein hartes Stück Arbeit. An solchen Tagen beginnen die Vorbereitungen schon frühmorgens, kurz nach vier Uhr.

Die Pferde werden gestriegelt und geschmückt, gefüttert und getränkt. Für die Verpflegung der Passagiere bäckt Jolanda Stauffacher Schlorzifladen und Berebrot. Auf der mehrstündigen Fahrt von Ennetbühl nach Urnäsch ist auch stets eine zusätzliche Begleitperson dabei, die sich unterwegs um die Verkehrssicherheit und -regelung kümmert und sich an den Zwischenstopps mit den Kutschern um die Pferde sorgt. Damit die Vierbeiner wieder fit sind, wenn es im gemütlichen Trott weitergeht – und Postillon Werner Stauffacher bei der nächsten Dorfeinfahrt wieder kräftig ins Posthorn blasen kann.

Adresse Werner Stauffacher, Im Riet, 9651 Ennetbühl, www.postkutschenfahrten.ch | **Anfahrt** Route 16 Wattwil bis Neu St. Johann, nach 12 Kilometern links abbiegen auf die Schwägalpstrasse und weiter bis Ennetbühl Dorf | **Öffnungszeiten** Fahrten Mo, Mi und Fr auf Vorbestellung unter Tel. 071/9941053 | **Tipp** Bei Lutertannen Richtung Risipass führt ein Wanderweg in 30 Minuten zum geografischen Mittelpunkt des Kantons St. Gallen auf der Lütisalp.

54__Die Schwefelquelle

Faule Eier gegen jedes Zipperlein

Wo heute verträumt ein paar Häuser stehen und sonst gar nichts läuft (ausser am ersten September-Wochenende das Irish Openair), ging es vor über 500 Jahren – dank der heilenden Mineralquellen – zu und her wie in einem Bienenhaus. 1300 wurde die erste Quelle gefasst und schon bald darauf ein Kurhaus gebaut. Der berühmte St. Galler Stadtarzt und Reformator Joachim Vadian untersuchte um 1530 die heilsame Kraft der Mineralien und stellte darin «einen guten Schwefel, mit etwas Alaun und terrae sigillatae vermischt», fest. Alsbald pilgerten Rheumatiker, Kreislaufgeschädigte und Nervenschwache nach Rietbad. Ab dem 17. Jahrhundert erlebte das Kurhaus an der Schwägalpstrasse seine Glanzzeit: Obwohl das Schwefelwasser – wie überall – scheusslich nach faulen Eiern roch, reisten Herrschaften aus Deutschland, Österreich, ja selbst aus England ins ständig erweiterte Kurbad, um Abhilfe für ihre Zipperlein zu bekommen. Für die lokale Bevölkerung brachte der Kurbetrieb willkommene Arbeitsplätze – als Alternative zu den dunklen, feuchten Webkellern.

Die jahrhundertelange Bädertradition ging zu Ende, als das Kurhaus 1988 niederbrannte. Man geht von Brandstiftung aus, brannte das Haus doch genau in dem Moment, als die Sennen ihre Kühe auf die Alp trieben, sodass für die Löschfahrzeuge kein Durchkommen war. Seither ist das Gelände verlassen. 2006 plante zwar ein Investor mit einem 50-Millionen-Bau eine Wiederbelebung des einstigen Kurortes, daraus wurde aber nichts.

2016 sanierten ein paar engagierte Männer immerhin die Quellfassung und verlegten neue Leitungen. So steht heute an der Schwägalpstrasse, gleich bei der Postautohaltestelle Rietbad, ein schöner Brunnen. Den Schwefel riecht man noch immer. Auch am Brunnen bei der Quelle, der in rund zehn Gehminuten erreichbar ist. Dort steht auch noch die alte, fast verfallene Trinkhalle. Gebraucht wird sie nicht mehr – dafür lässt sich darin gemütlich picknicken.

Adresse Schwefelquelle, Rietbad, 9651 Ennetbühl | **Anfahrt** Route 16 Wattwil bis Neu St. Johann, links abbiegen auf die Schwägalpstrasse bis Postautostation Rietbad, dann zu Fuss in 10 Minuten zur Schwefelquelle | **Tipp** Von Lutertannen Richtung Risipass führt ein Wanderweg in rund einer Stunde hinauf zur Alp Leser, wo die Familie Bohl eine gemütliche Bergwirtschaft betreibt (geöffnet Juli–Sept., Tel. 071/9942126, 079/9330701).

Schwefelwasser:

Kohlensauren Kalk
Magnesia
Natron
Eisenoxydol
Schwefelsaures Kali
Schwefelsaures Natron
Chlornatrium
Kieselsäure
Freie Kohlensäure
Schwefelwasserstoff

55_Das Seifenblasen-Atelier

Wo Torten und Raupen schweben

Es sind filigrane Kunstwerke, deren Haut weniger als ein Tausendstel Millimeter dünn ist. Ein kleiner Luftstoss – und schwups – sind sie zerplatzt. Seifenblasen sind überaus zerbrechliche Skulpturen. Genau deshalb sind Claudia Engler und Nicky Viva so fasziniert davon. Seit über 20 Jahren treten beide mit ihrer Kunst im Zirkus und auf Bühnen im In- und Ausland auf. «Je länger man diese Kunst ausübt, umso besser wird man», sagt Nicky Viva. Beide gelten mittlerweile als die führenden Seifenblasen-Künstler der Schweiz. Ihr Atelier steht in Ennetbühl.

Der hohe Raum ist perfekt für das Training dieser Kunst. «Hier stimmen die Dimensionen, der Luftdruck und die Luftfeuchtigkeit», erklärt Nicky Viva, der aus einer Artisten-Familie stammt. Das Wichtigste aber ist die richtige Zusammensetzung der Lauge. Bis er diese hingebracht hat, war es ein langer Prozess. Rund zehn Jahre habe er gepröbelt, bis sie perfekt war. Woraus sie besteht, bleibt natürlich sein Geheimnis.

Als reine Physik bezeichnet der Seifenblasenkünstler sein Metier. Für Claudia Engler ist es eher eine Meditation, wenn sie ihre Kunstwerke bläst. So oder so braucht es höchste Konzentration. Denn die beiden zaubern nicht einfach nur Kugeln in die Luft. Ihre zarten Seifenskulpturen tragen Namen wie Karussell oder Raupe – und sehen auch so aus. Sie hantieren mit Fliegenklatschen und Trichtern, aus denen Seifenblasen wie Tropfen herausfallen. Dann wieder bauen sie wahre Torten oder türmen mehrere Blasen zu gigantischen, meterlangen oder gar viereckigen Gebilden.

Die Seifenblasen-Kunst ist übrigens keine Erfindung der Neuzeit. «Schon im 13. Jahrhundert hat man damit die Leute verzaubert», weiss Nicky Viva. Kupferstiche im Pariser Louvre weisen darauf hin. Seifenblasen seien Mimosen oder wie ein Traum. Der schönste Moment für beide Künstler sei, wenn die Blasen zerplatzen – und so Platz für neue Kunstwerke schaffen.

Adresse Claudia Engler und Nicky Viva, Dorf 926, 9651 Ennetbühl | **Anfahrt** Route 16 Wattwil bis Neu St. Johann, nach 12 Kilometern links abbiegen auf die Schwägalpstrasse und weiter bis Ennetbühl Dorf | **Öffnungszeiten** Workshops auf Anfrage, Auftritte unter www.seifenblasen.ch | **Tipp** Mitten in Ennetbühl steht die «Krone». Das Restaurant von Elsbeth und Köbi Oertle-Hinterberger ist mit seiner gutbürgerlichen Küche und dem gemütlichen Ambiente ein beliebter Treffpunkt (www.krone-ennetbuehl.ch).

56__ Der Grand Canyon

Wie Tarzan ins Ofenloch

«Von oben oder unten?», stellt sich die Frage. Das Ofenloch bei der Necker-Quelle kann von oben – von der Schwägalp aus via Chräzerenpass – oder von unten – dann von Hemberg aus via Mistelegg und Ampferenboden – erwandert werden. Erwandern ist dabei das richtige Wort, denn besonders von unten aus muss man sich den Weg weitgehend selbst suchen. Mal geht man mitten durch das Flussbett des Neckers, dann wieder führen nur Spuren über erdige Hänge. Oder es geht in Tarzan-Manier weiter: Um steinige Hindernisse zu überwinden, muss man sich an Seilen hochziehen. Nein, einfach macht es einem das Ofenloch nicht. Und das ist auch gut so, denn so trifft man selten auf andere Wanderer.

Wer ins Ofenloch will, muss auch die richtige Jahreszeit wählen, am besten den Sommer, wenn wenig Wasser fliesst. Der Frühling etwa ist dafür ganz schlecht, weil der junge Necker, der im Ofenloch entspringt, bei Schneeschmelze oft viel Wasser führt. Sein Name verrät es schon: Necker geht auf «heftig», «schnell» oder «böse» zurück. Im Hochsommer aber ist das Ofenloch ein herrliches Ziel. Wer in die Schlucht hineinschreitet, lässt die Welt hinter sich und taucht in eine urzeitliche Landschaft ein. Und schon könnte man glauben, in dieser schroffen Landschaft einen Drachen hinter dem nächsten Felsen hervorspringen zu sehen.

Geröll und Felsen haben sich im Ofenloch zu meterhohen Nagelfluh-Wänden – auch «Herrgottsbeton» genannt – verbunden. Unzählige kleine Wasserfälle stürzen von den Felswänden in die Tiefe. Man wandert vorbei an Findlingen, umgefallenen Bäumen, Farn und Moos – bis es einfach nicht mehr weitergeht. An diesem Ort, sozusagen am Ende der Welt, klafft im Kessel auf einer Höhe von 50 Metern ein grosses Loch: das Ofenloch. «Grand Canyon der Ostschweiz» wird die Schlucht auch genannt. Das mag vielleicht etwas übertrieben klingen. Aber ein besonderer Ort ist es schon.

Adresse Ofenloch, 9643 Krummenau | **Anfahrt** von Wattwil Richtung Hemberg über die Hembergerstrasse, Eggberg, Fährenstieg, Heiterswil und Bächlistrasse bis Mistelegg, 10,3 Kilometer, dort parken und zu Fuss Richtung Ampferenboden und weiter ins Ofenloch (rund 2,5 Stunden) | **Tipp** Das Alpstöbli in der Mistelegg ist nicht nur für die Wanderung ins Ofenloch ein idealer Ausgangspunkt. Im Winter bietet Gastwirt Markus Nef auch Schneeschuhtouren an (www.alpstoebli.ch).

57__Der Nostalgielift

Runterfahren beim Hinauffahren

Es passt ganz gut, dass auf der Wolzenalp in allen geraden Jahren das NostalSkirennen stattfindet. Bei diesem langen, harten und vor allem lustigen Rennen brausen die Teilnehmer auf Skis ohne Kanten, mit Fersenautomaten der ersten Generation oder auf Fassdauben ins Tal (und gönnen sich auf halber Strecke schon mal einen Schnaps). Den Berg hoch geht es vorher mit dem «Sesselilift», einer nostalgisch anmutenden Bahn mit Jahrgang 1965. Auf den Zweiersesseln sitzt es sich bequem, und das ist wichtig: Die über zwei Kilometer lange Fahrt dauert ungefähr 23 Minuten. Und weil man ob all der Wohligkeit immer tiefer in den Sessel rutscht und dann das Aussteigen schier vergisst, hilft ein «Lift-Boy», wobei Gentleman natürlich treffender wäre. Das hat seinen Grund: Die Sessel sind fix mit dem Förderseil verbunden, und der Lift verlangsamt im Gegensatz zu kuppelbaren Bahnen nicht, wenn Gäste ein- oder aussteigen. Mit Skis geht das besser, deshalb dauert die Fahrt im Winter auch einige Minuten weniger lang.

Wer, im Rietbach angekommen, nicht gleich mit dem Skilift weiterfahren möchte, trinkt im Restaurant Wolzenalp einen «Kaffee Moorsumpf». Oder klopft einen Jass: Schliesslich befindet man sich auf Krummenauer Boden – das Dorf wird heute manchmal noch «Schilte Siebni» genannt, in Anlehnung an eine Jasskarte und die sieben braunen Häuser, die einst im Dorfkern standen.

Einmal im Jahr findet hier, wo sich selbst grössere Familien einen Skitag leisten können, der «Wolzenalp-Splash» statt. Bei diesem Wettkampf geht es darum, mit Skis oder Snowboards ein Wasserbecken zu überqueren, ohne dabei baden zu gehen. Sich in so einem «Alpenjacuzzi» zu vergnügen, ist übrigens auch möglich, wenn kein Schnee liegt: Die Wolzenalp ist Moorlandschaft. Entspannender ist es jedoch, barfuss über den weichen Torfmoosboden zu gehen und den Köpfchen des Scheidigen Wollgrases zuzuschauen, wie sie sich im Wind wiegen.

Adresse Sportbahn Krummenau-Wolzenalp, Rietbach, 9650 Nesslau, www.wolzen.ch |
Anfahrt Route 16 von Wattwil bis Parkplatz Wolzenalp, Krummenau | **Öffnungszeiten**
Infoband Bahnbetrieb: Tel. 071/9941515 | **Tipp** Vom Restaurant Wolzenalp aus führt ein
preisgekrönter Wanderweg über die Spitzweid durchs Ijental nach Nesslau. Wanderzeit:
circa zwei Stunden.

58 Die Schmiede

Eine Pionierin bei der Arbeit

Im Hintergrund brennt das Feuer. Eveline Kesseli hält den Stahlstab auf den Amboss, bringt sich selbst in Stellung, dann hebt sie den Arm und lässt den Hammer auf den Stab donnern. Die Funken sprühen. Immer wieder schlägt die Schmiedin auf das glühende Eisen, sie dreht es, schlägt, holt aus, bis sich die Spitze verformt und dann leise abkühlt. Dann legt sie den Stab zurück ins Feuer.

Wer Eveline Kesseli bei der Arbeit zuschaut, wähnt sich fast in einem anderen Jahrhundert. Das hat vielleicht mit der Schmiede selbst zu tun, einer riesigen dunklen Werkstatt, die ein wenig an eine Höhle erinnert, in der es im Sommer schön kühl ist und im Winter auch, selbst wenn das Feuer den hinteren Teil des Raumes wärmt. An den Wänden und von der Decke hängen unzählige Werkzeuge, vor allem Zangen und Hammer.

Doch der Eindruck romantischer Vergangenheit täuscht: Zwar restauriert Eveline Kesseli Objekte unter denkmalpflegerischen Ansprüchen, doch ansonsten schaut die Schmiedin doch eher in die Zukunft. Sie bessert Zäune, Geländer oder Tore aus, auf dass sie lange halten, und erschafft Zeitgenössisches, indem sie starren Stahl durch Feuer, Kraft, Geschick und Geduld verformt. Zum Beispiel in Treppengeländer mit ausgefallenen Verschnörkelungen oder modernen Wendungen – oft nach den Wünschen der Kunden. Oder sie formt Schuhlöffel, Kerzenständer und Gürtelschnallen. Manchmal gestaltet sie Grabmale, die sie zusammen mit den Trauernden erarbeitet – sie nennt es eine geschmiedete Form von Trost.

Eveline Kesseli war die erste Frau, die in der Schweiz eine Lehre zur Schmiedin gemacht hat. Später ging sie als Schmiedegesellin vier Jahre und drei Monate auf die traditionelle Wanderschaft. Was die Bündnerin auf der Walz gelernt und erlebt hat, nahm sie 2012 natürlich mit nach Krummenau. Hierhin, wo seit Anfang des letzten Jahrhunderts geschmiedet wird. Heute zum ersten Mal von einer Frau.

Adresse Schmiede und Metallgestaltung Eveline Kesseli, Schweistel 58, 9643 Krummenau, www.schmiedin.ch | Anfahrt Route 16 von Wattwil circa 10 Kilometer bis Schweistel, die Schmiede befindet sich rechts an der Hauptstrasse | Öffnungszeiten auf Voranmeldung | Tipp Im Krümmenswil (Milchsammelstelle), in der Nähe der Talstation der Wolzenalpbahn, sind die Zopf-Wyber zu Hause. Bernadette Loosers und Ruth Forrers köstliche Zöpfe, Brote und Backwaren sind jeweils mittwochs und samstags in ihrem Lädeli erhältlich.

59__ Die Bierbrauerei

Hier becherten schon Mönche

Auf der Galerie liegen Malzsäcke, die wirken, als ob sie zum Rechten schauen wollten. In den kupfernen Braukesseln spiegelt sich eine Feierabendszene – Gäste trinken Bier aus schmalen Gläsern, lachen und prosten sich zu. Sie haben auch allen Grund zur Freude: Malzgeruch zieht durch den hohen Raum, der Braumeister hat gerade die Maischbottiche eingeheizt (mit Fernwärme, die aus Nesslauer Holzschnitzeln erzeugt wird) und einen neuen Biersud angesetzt.

Seit 2012 wird hier – nach einem Unterbruch von fast 100 Jahren – wieder Bier gebraut. Die Tradition geht wahrscheinlich bis in die frühe Neuzeit zurück: Wo heute die Brauerei St. Johann steht, haben wohl schon Mönche Bier getrunken – und vielleicht auch welches hergestellt. Sie sollen einen Geheimgang zum nahen Kloster St. Johann genutzt haben, man munkelt, dass sie sich im konfessionell zerstrittenen Toggenburg einen Fluchtweg offen gehalten hätten (und ungestört Bekanntschaften aus dem Dorf treffen konnten). Auch wenn dieses Schlupfloch bis heute nicht gefunden worden ist, kann man sich vorstellen, auf welch bewegte Geschichte die Mauer – so heisst die Liegenschaft – zurückblicken kann. Zum Beispiel auf einer Führung durch Gewölbekeller, Hopfensaal und Mönchskeller. Gerade dort haben sich früher, als die Mauer noch ein Restaurant und der Treffpunkt der Obertoggenburger Jugend war, viele Paare kennengelernt. Heute findet sich monatlich die Toggenburger Biergilde ein, ein lustiges Grüppchen, das Bierkultur und Bierverständnis im Tal fördern will und Biere aus aller Welt degustiert. Oder einheimische: Es gibt schliesslich immer mal wieder ein St.-Johann-Spezial-Bier auszuprobieren. Stets erhältlich sind die Ausführungen «hell», «dunkel» und «naturtrüb». Letzteres heisst übrigens Zwingli-Bier und wird – in Anlehnung an den grossen Reformator aus Wildhaus – aus alten Getreidesorten wie Emmer und Dinkel gebraut.

Adresse Brauerei St. Johann AG, Toggenburgerstrasse 3, 9652 Neu St. Johann, www.brauereistjohann.ch | **Anfahrt** Route 16 Wattwil nach Neu St. Johann, kurz vor dem Bahnhof rechter Hand an der Hauptstrasse | **Öffnungszeiten** Di – Do 17 – 23 Uhr, Fr, Sa 16 – 24 Uhr, Sa 11 – 13 Uhr | **Tipp** Früher gingen im Kraftwerk Krummenau grosse Konzerte über die Bühne, und auch heute spielt noch manchmal die Musik (www.kraftwerk-club.ch).

60__Der Fabrikladen

Der Stoff, aus dem kühne Träume sind

Nicht dass Geschirrabtrocknen eine angenehme Arbeit wäre. Mit diesen Tüchern macht sie jedoch fast so etwas wie Spass: Engelchen auf dem robusten Stoff, lustige Hasen, Vogelhäuser oder Hirsche. Und zwar immer auf beiden Seiten des Tuches.

Die Küchentücher lagern prominent an einer Wand im Fabrikladen «zur alten weberei». Sie sind seit Langem der Verkaufsschlager von Meyer-Mayor und verströmen stets einen Hauch von bewegter Vergangenheit, selbst wenn die Textilfirma kürzlich verkauft worden ist. In Neu St. Johann erinnert nur noch dieses grosse helle Ladenlokal daran, wie aufregend sich die Geschichte des Familienunternehmens gestaltete: 1830 hatte ein gewisser Josef Meyer im Kanton Luzern eine Handweberei betrieben. Seine Nachfahren siedelten 1916 in den Textilkanton St. Gallen über, wo sie sich als Hersteller für klassische Küchenwäsche profilierten. Alles «Made in Switzerland», wohlverstanden.

Meyer-Mayor-Stoffe tauchten aber auch an Orten auf, an denen man sie nicht erwartet hätte. Mitte der 90er spezialisierte sich die Firma auf federleichte Hightech-Stoffe, davon profitierte etwa das Schweizer Segelteam Alinghi, das 2003 den legendären Sieg beim America's Cup in das Binnenland Schweiz holte. André Meyer, der das Geschäft bis 2018 in sechster Generation führte, schickte seine Textilien auch in die Höhe: zum Beispiel in Form von Heissluftballonen oder der grössten Schweizer Fahne der Welt mit einer Fläche von 6.400 Quadratmetern, die jährlich am Nationalfeiertag, am 1. August, am Felsen des Säntis hängt.

Die Stoffe werden nun zwar in Bütschwil produziert, doch André Meyer war es wichtig, nach dem Verkauf der Marke Meyer-Mayor keine Industrieruine zu hinterlassen. Auf dem ehemaligen Fabrikgelände in Neu St. Johann befinden sich heute Wohnungen, Büros und Lagerräume. Und gleich daneben: ein Fabrikladen, der die Hausarbeit ein bisschen bunter macht.

Adresse Fabrikladen, Toggenburgerstrasse 3, 9652 Neu St. Johann, www.zuraltenweberei.ch |
Anfahrt Route 16 Wattwil – Neu St. Johann, bei der Brauerei St. Johann rechts auf Park-
platz | **Öffnungszeiten** Mo – Fr 9 – 12 und 13.30 – 18.30 Uhr, Sa 9 – 12 Uhr | **Tipp** Hinter
dem Gemeindehaus am Ende des Dorfes befindet sich das Ortsmuseum Haus Nüssli.
In diesem alten Toggenburger Haus sind Wohnungen und Büros einquartiert, im alten
Sitzungszimmer lassen sich manchmal Brautpaare trauen – und im Keller befindet sich ein
winziges Museum (www.nesslau.ch).

61 Die Insel Helgoland

Ein Stück Heimat für Flüchtlingskinder

Wer will schon an die raue Nordsee reisen, wenn «Helgoland» gleich vor der Haustür liegt? Zwar sind nirgendwo der typische rote Buntsandstein und romantische Sandstrände zu sehen, dafür aber liegt die Insel sehr idyllisch: mitten in der Thur bei Nesslau-Neu St. Johann. Gerade mal 1.808 Quadratmeter gross ist das «Inseli», wie das kleine Paradies mit der schneeweissen Kapelle «Maria Hilf» bei Einheimischen heisst. Aber sein offizieller Name – wie im Gemeindeverzeichnis eingetragen – lautet: «Helgoland».

Was hat die Thurinsel nun mit der Nordsee zu tun? Albert Fetz, Mitarbeiter des Johanneums, kennt die Antwort: Während des Ersten Weltkrieges wurden Flüchtlingskinder aus Norddeutschland im Johanneum aufgenommen, das damals noch von den Menzinger-Schwestern geführt wurde. «Man wollte ihnen symbolisch ein Stück Heimat geben», erklärt er. Heute ist das Johanneum eine Institution, die auf dem ehemaligen Klosterareal mit Behinderten arbeitet.

Lange Zeit aber war das «Inseli» ein Sondergebiet – und der Zutritt unter Strafe verboten, wie sich der Historiker Hans Büchler aus Wattwil erinnert. Nur Mitarbeiter und Bewohner des damals noch katholisch geführten Johanneums durften die Insel betreten. Für den überwiegend evangelischen Bevölkerungsteil von Nesslau und Krummenau blieb die Insel verbotenes Land.

Inzwischen steht das «Inseli», das über eine einfache Holzbrücke zu erreichen ist, längst allen offen und wird als Ausflugsort rege besucht. Insbesondere, seit kürzlich die gesamte Infrastruktur erneuert wurde: Nun stehen zwei Feuerstellen zum Grillen zur Verfügung. Um sie herum stehen Bänke. Bei Regen bietet der Unterstand Schutz. Die Blockhütte mit Cheminée wurde ebenfalls aufgefrischt und kann für Feiern kostenlos gemietet werden. Zum Spielen locken verschiedene Baumstämme, eine Holzschaukel oder ein begehbarer Bug am westlichen Ende der Insel. Fürwahr ein kleines Paradies!

Adresse Helgoland, Johanneum, Johanneumstrasse 3, 9652 Neu St. Johann, www.johanneum-betriebe.ch | **Anfahrt** Route 16 von Wattwil nach Neu St. Johann, bei der Kirche rechts abbiegen bis zum Johanneum, dann in 5 Gehminuten zum «Inseli» | **Öffnungszeiten** jederzeit zugänglich | **Tipp** Auf dem Gelände des Johanneums befindet sich auch eine grosse Gärtnerei mit einer riesigen Auswahl an Setzlingen, Geranien, Sommerblumen oder Zierpflanzen – vieles davon aus eigenem Anbau.

62 Die Metzgerei Rust

Wo Schweinefleisch zum Edelprodukt wird

Ein Schloss hat er nicht, aber ein König ist er trotzdem: Metzger Reto Rust aus Neu St. Johann. Sein Reich liegt mitten im Dorfteil Sidwald, in einem der alten Toggenburger Häuser, wo er seit 2015 in der ehemaligen Metzgerei Scheiwiller wirkt und seine Arbeit so gut macht, dass er 2018 zum «Culinarium-König» ausgerufen wurde. Das Culinarium ist ein Trägerverein, dem über 500 Gastronomen und Produzenten aus der Ostschweiz angehören, die regionale Produkte und Spezialitäten herstellen und anbieten.

Reto Rust übt sein Handwerk mit viel Herzblut und Engagement aus. Das spürt man, wenn er durch die Räume führt. Dabei macht er bewusst einiges anders als seine Mitbewerber. Im Vordergrund stehen nicht Bio- oder sonstige Zertifikate, viel wichtiger ist ihm, dass er echtes Regio-Fleisch aus dem Alpstein und Churfirstengebiet anbieten kann. Alle Tiere, die er mit seinen zwölf Mitarbeiterinnen und Mitarbeitern verarbeitet, stammen aus Kleinbetrieben, die nicht weiter als zwölf Kilometer entfernt sind.

Schlachten tut er selbst im Haus. Und er lagert das Fleisch auch wesentlich länger als üblich – ein Kalb drei bis vier Wochen, das Rindsfilet rund zehn Wochen. Auch sonst hat er so seine Prinzipien: Verarbeitet werden nur Tierrassen, die seit jeher in der Gegend leben. «Was soll ich mit Wasserbüffeln oder Straussen?» Und natürlich wird bei ihm alles verwertet – ganz nach dem Motto «Nose to Tail».

Besonders angetan haben es ihm die Schweine, «weil ihr Fleisch oft als minderwertig angeschaut wird». Schweinefleisch veredelt er zu Lutertaler Speck, Säntis-Möckli oder zu Königsschinkli – einem Schweinsnierstück mit viel Fett und pikanter Würze, das geräuchert und getrocknet wird. Für seine Spezialitäten (wie etwa die St. Galler OLMA-Bratwurst) holt er regelmässig Silber- und Goldmedaillen. Typisch Rust, wenn er sagt: «Das Echo und die Meinung meiner Kunden sind mir viel wichtiger als Auszeichnungen.»

Adresse Metzgerei Rust, Sidwaldstrasse 26, 9652 Neu St. Johann, www.metzgerei-rust.ch |
Anfahrt Route 16 Wattwil bis Neu St. Johann, nach 16 Kilometern links abbiegen auf
Schwägalpstrasse, nach 270 Metern scharf rechts auf Sidwaldstrasse | **Öffnungszeiten**
Mo, Di, Do, Fr 7.30 – 12 und 14 – 18.30 Uhr, Sa 7.30 – 15 Uhr, Mi geschlossen | **Tipp** Der
Toggenburger Buurechoscht-Laden (jeweils Sa 9 – 12 Uhr) in Sidwald bietet Köstlichkeiten
von einheimischen Bergbauernfamilien wie etwa Fruchtleder (getrocknete Beerenpaste),
Stockbergerli (Nussguetsli) oder Milchconfi (www.toggenburger-buurechoscht.ch).

63 Die Schatzkammer

Mit Bär, Drachen und Reisläufer unter einem Dach

Andreas Maier war ziemlich verblüfft, als er die Holztäfelung in der Stube seines Tätschdachhauses im Sidwald herausriss. «Du, da schaut mich einer an», rief er seiner Frau Regula zu. Hinter Stopfmaterial, Zeitungen und Kalkfarbe hatte er gerade mehrere gemalte Szenen entdeckt. Und als er dann auch noch die aufgemalte Zahl 1561 fand, wurde ihm bewusst, auf was für ein Juwel er gestossen war. Dabei hatten die Maiers erst noch überlegt, ob sie das baufällige Haus verkaufen oder lieber gleich abreissen lassen sollten. Bekannte rieten nach dem Fund, die Wände wieder zuzunageln, und warnten vor der einflussreichen Denkmalpflege.

Doch die Maiers waren fasziniert von den uralten Darstellungen, die sie 2002 entdeckten. Erst recht, als Bohrproben am Holz ergaben, dass ihr Strick- oder Blockbau aus dem Jahr 1467 stammt. Laut Experten ist in ihrer guten Stube wohl der umfangreichste Zyklus bäuerlicher Wandmalerei der Renaissance zu sehen. «Zudem sind die räumlichen Ähnlichkeiten zum Zwinglihaus in Wildhaus sehr auffallend», berichtet Regula Maier. Die Denkmalpfleger gehen davon aus, dass auch ihre Schatzkammer einst eine Amtsstube war – wie das Zwinglihaus.

In der Stube, die die Maiers heute als Musizierzimmer und Büro benutzen, entdeckt man fürwahr eine sagenhafte Welt. Die historischen Malereien zeigen an der Ostwand einen Mann, der einen Drachen reitet. An der Nordwand geht ein selbstbewusster Protestant mit Horn und Spiess auf die Jagd. An der Südwand trifft ein Bär auf einen Fähnrich. Das Lieblingsmotiv der Maiers ist aber das edel gekleidete Paar, das auf der Westwand mit vielen Details noch gut sichtbar ist. «Der Mann ist ein Reisläufer, der aus dem Söldnerdienst heimkehrt und von seiner vornehmen Frau mit einem Becher Wein begrüsst wird», weiss Regula Maier. Und man spürt dabei ihre Begeisterung, täglich neu in die gemalten Geschichten eintauchen zu können.

Adresse Regula und Andreas Maier, Sidwaldstrasse 6, 9652 Neu St. Johann | **Anfahrt**
Route 16 Wattwil bis Neu St. Johann 12,3 Kilometer, dann links abbiegen auf Sidwald-
strasse | **Öffnungszeiten** Führungen auf vorherige Anfrage möglich, Tel. 079/4237161 | **Tipp**
Bereits im 16. Jahrhundert wurde auf dem Dorfplatz im Sidwald gehandelt und verkauft.
Auch heute noch: Jeweils Ende Mai und Ende Oktober findet der Sidwald-Markt statt –
ein wichtiger gesellschaftlicher Treffpunkt der Region.

64__ Der Wasserfallbach

Ein ewiges Bauwerk

Lieblich und harmlos plätschert der Dürrenbach vom Gulmen her – zwischen dem zweizackigen Goggeien und dem Häderenberg – hinunter ins Tal nach Stein. Ein schönes Bild, wie das Wasser über die kleinen und grossen Sperren hüpft. Deshalb nennt man den Dürrenbach auch den «Bach der 100 Wasserfälle», auch wenn sie alle künstlich angelegt wurden.

Im 19. Jahrhundert noch trat dieser romantische Bach immer wieder über die Ufer, verwüstete das Weideland und bedrohte die Siedlungen in Stein – wie etwa in den Jahren 1868, 1877 und 1893. Also wollte man ihn zähmen. Die ersten Sperren zum Schutze der Bewohner wurden ab 1902 gebaut. Weitere folgten in drei Ergänzungsprojekten 1913, 1923 und 1930. Doch nur vier Jahre später zeigte sich, dass die Natur stärker war als die menschliche Vorstellungskraft: Wieder kam das Wasser. Es folgten 1935 und 1945 die nächsten Ergänzungsprojekte und noch eines im Jahr 1981. Allein zwischen 1903 und 1948 entstanden am Dürrenbach 90 Sperren mit Leitwerken, Wildbachschalen und Steinpackungen. 800 Kubikmeter Rundholz wurden für Holzkästen und Fundamentroste der Mauersperren verbaut. Zudem pflanzte man im oberen Bachlauf-Gebiet rund 29.000 Nadelhölzer und 53.000 Laubhölzer, um die Hänge zu sichern.

Und dann kam am 21. August 1992 das Wasser erneut: An diesem Tag ging ein Unwetter über der Region nieder, das als Jahrhundertwasser in die Geschichte einging. Selbst die für alle Eventualitäten dimensionierten neuen Betonsperren – inzwischen waren es genau 100 Sperren auf einer Länge von 2.250 Metern mit einem Gefälle von 400 Metern – vermochten die Wassermengen nicht zu halten. Also ging das Projekt in seine siebte Ergänzung …

Der Bach bleibe ein ewiges Werk, meint der ehemalige Gemeindepräsident Ueli Schärer. «Wenn die Dürrenbach-Verbauung nicht jährlich kontrolliert, unterhalten und laufend baulich erneuert wird, droht ein Zusammenbruch wie jener der Brücke in Genua!»

Adresse Dürrenbach, 9655 Stein | **Anfahrt** Route 16 von Wattwil 17,4 Kilometer nach Stein, rechts abbiegen auf Wiesli, zu Fuss auf dem Wanderweg Richtung Dürrenbach Badhus, circa 1,5 Stunden | **Tipp** Die kürzeste Verbindung vom Toggenburg (ab Starkenbach) nach Arvenbühl oberhalb des Walensees führt an der Alp Arsch vorbei (gut drei Stunden). Der kuriose Name hat wohl damit zu tun, dass die Alp von Amdener Seite her eben am Arsch der Welt liegt.

65 Die Bibliothek

Im Alpenhof strömt aus allen Ritzen Kultur

12.000 Bücher! Und das auf engem Raum, der sich über zwei Stockwerke erstreckt. Bibliophile, die dieses Paradies betreten, finden nicht so schnell wieder hinaus – so viel gibt es zu entdecken.

Andreas Züst, geboren 1947, war Glaziologe, Wetterbeobachter, Fotograf, Maler, Verleger, Filmproduzent, Bibliomane, Kunstsammler und Mäzen. Stets war er mit der Kamera unterwegs – und hörte bis zu seinem Tod im Jahr 2000 nie auf, künstlerisch zu arbeiten. Nebst eigenen Publikationen (um nur eine zu erwähnen: «Menschen Tiere Abenteuer» der Edition Patrick Frey, herausgegeben von seiner Tochter Mara Züst, selbst eine Künstlerin) steht vor allem Reiseliteratur in den Gestellen, Belletristik, Erzählungen über Polarexpeditionen oder Feuerwerk, über Wetterkunde und über Ufos.

Züsts Vermächtnis versteckt sich in der Panoramaherberge, die so gar nicht aussieht wie ein Alpenhof. Zwischen Café und Restaurant auf dem St.-Anton-Pass scheint der, man muss ihn so nennen, riesige Klotz gar nicht hineinzupassen. Dabei wurde das 1899 erbaute Gebäude fast ununterbrochen als Hotel und Kurhaus genutzt. Es befindet sich an einem magischen Ort, was schwierig zu erklären ist, wenn man nicht gerade auf dem Passübergang steht und zum Säntismassiv hinüberschaut (oder ins Rheintal hinunter). Auch Künstlerinnen wie Pipilotti Rist, Filmemacher Peter Mettler oder Schriftsteller Peter Weber, um nur einige zu nennen, entdeckten das Haus für sich. 2000 wurde der Verein Alpenhof gegründet, 2007 das Gebäude saniert. Heute ist es Rückzugs- und Arbeitsort, Seminarhotel, Hochzeitslokal – und noch immer steckt in allen Ritzen Kunst. Ganz konkret sogar: In den Zimmern sind Werke von Künstlern zu finden. Und im Aufenthaltsraum, wie in die Ecke gedrängt, steht ein weiteres Bijou: eine Jukebox. Sie wird regelmässig gefüttert, denn Andreas Züst hat nicht nur Bücher gesammelt, sondern auch Singles.

Adresse Präsenzbibliothek in der Panoramaherberge Alpenhof, St. Antonstrasse 62, 9413 Oberegg, www.alpenhofalpenhof.ch | **Anfahrt** von Appenzell – Trogen, rechts abbiegen auf Altstätterstrasse – St. Anton | **Öffnungszeiten** Sa 13 – 16 Uhr oder auf Anfrage | **Tipp** Neben dem Alpenhof befindet sich das «Kafi Anton», das auch zur Gemeinde Oberegg gehört. Dessen Bezirksgebiet ist in drei nicht aneinder grenzende Teile gesplittet (www.kafianton.ch).

66_ Der Ottilia-Brunnen

Warum man sich hier die Augen reiben muss

Es war ein Wunder: Die heilige Ottilia, im 7. Jahrhundert im El-sass als Herzogentochter blind geboren, erlangte bei ihrer Taufe das Augenlicht. So will es die Legende, und so wurden in weiten Tei-len Europas Kapellen für die spätere Äbtissin errichtet. Vor allem an Quellen. Auch im Guggerloch im Hirschberggebiet, direkt am alten Fussweg von Gais nach Appenzell, steht ein kleines Kirch-lein, mehr Bethäuschen, das der Schutzpatronin für Sehbehinderte und Blinde gewidmet ist. Die Votivtafel aus dem Jahr 1774 kann man nur noch durchs Fensterchen anschauen, die Kapelle ist abge-schlossen. Doch der Brunnen auf dieser lauschigen Waldlichtung ist sowieso interessanter: Auch er ist einfach, plätschert aber so be-deutungsschwanger vor sich hin, dass man gar nicht umhinkommt, die wenigen Treppenstufen hinunterzusteigen. Brunnwasser neben einer Ottilia-Kapelle! Das kann nur heissen, dass es heilend ist. Noch heute schöpfen Gläubige – und Ungläubige – mit der hoh-len Hand Wasser aus dem hölzernen Brunnentrog und benetzen damit die Augen. Oder füllen gleich ein Fläschchen ab – auf dass Ottilia ihnen die Augen öffne.

Kein Wunder hingegen ist es, dass sowohl dieses lauschige Plätz-chen wie auch das heilende Wasser aus dem Ottilia-Brunnen die Phantasie vieler Schriftsteller angeregt hat. Ob im Krimi («Tod ei-nes Wunderheilers» von Peter Eggenberger) oder in einer Erzählung über das Guggerlocher «Wäldli», in dem es gegeistert haben soll (im Innerrhoder Dialekt von Marie Strub-Hanny) – die romantische Waldkapelle eignet sich dafür gut. Auch Angelika Wessels hat den Brunnen in einem Buch verewigt: Die Schriftstellerin, die den Ro-man «Einsatz im Alpstein» geschrieben hat, widmet der Kapelle, dem Brunnen und dem Wäldchen im Malbuch «Erlebnis Alpstein» zwei Seiten. Für die Recherchen musste sie nicht weit gehen: Sie wohnt in einem Haus am Wanderweg zum Ottilia-Brunnen, wenn man vom Sammelplatz kommt.

Adresse Guggerlochkapelle St. Ottilia, 9050 Rüte | **Anfahrt** von Appenzell Richtung Gais auf Umfahrungsstrasse, bei Kreisel auf Gaiserstrasse bis Meistersrüte Sammelplatz, von dort zu Fuss circa 30 Minuten auf Wanderweg Richtung Appenzell | **Tipp** Weitere zehn Kapellen sind auf dem Kapellenweg zu erkunden: Die Rundwanderung von Appenzell via Lank, Steig, Burg Clanx, Lehn, Studen, Sammelplatz, Guggerloch, Steinegg dauert ungefähr vier Stunden. Weitere Infos bei Appenzellerland Tourismus (www.appenzell.ch).

67 Die unsichtbare Käsebank

Geheimnisse am Fählensee

«Warum ist der so gut?» Der Tourist, behangen mit Kamera und allerlei Trachtenfirlefanz, bedrängt die beiden Sennen, die neben ihm auf einer Holzbank sitzen. Nicht nur mit Fragen – auch physisch, während er ein Stück Käse in die Höhe hält, rutscht er näher heran. Die Sennen reagieren nicht. «Was steckt denn da drin?», lässt der Mann nicht locker. Die Bauern rutschen weiter weg, über den Rand der Bank hinaus, sodass sie in der Luft zu sitzen scheinen. Was den Fremden irritiert.

Die Szene spielt in einem Werbespot für Appenzeller Käse. Natürlich verraten die Sennen dem Touristen das Geheimnis nicht, im Gegenteil, sie schenken dem neugierigen Eindringling einen Blick, der so viel sagt wie: «Seb chaascht meeni is Chemi uni schriibe.» (Innerrhoder Dialekt: «Das kannst du vergessen.») Denn: Das Geheimnis der Herstellung des Appenzellers ist geheim. Für diesen Film, der für Appenzeller Käse wirbt, hat sich die dafür verantwortliche Werbeagentur eine phänomenale Kulisse ausgesucht: eine steinige Stelle am Ufer des Fählensees. Sie liegt unterhalb des Restaurants Bollenwees, auf dessen Terrasse selbst den frechsten Touristen ein freundliches «Sönd willkomm» – «Seid willkommen» – entgegengeschmettert wird. Schon in den früheren Werbefilmen für den Käse ging es darum, dass ein Auswärtiger herausfinden wollte, warum der Appenzeller so gut schmeckt. Unter anderem spielte der deutsche Schauspieler Uwe Ochsenknecht in verschiedenen Spots mit, gedreht wurde in der Nähe des Berggasthauses Scheidegg und beim Seealpsee.

Doch zurück zum Fählensee, dem vielleicht spektakulärsten Bergsee des Alpsteins: Bei gutem Wetter spiegeln sich Berggipfel, Tannen und Himmelszeichnungen glasklar im Wasser. Unwirklich und von einer fast absurden Schönheit.

Übrigens: Die Bank auf der Bollenwees ist in der Regel tatsächlich «unsichtbar». Sie wird jeweils nur für die Dreharbeiten hochgeschleppt.

Adresse Berggasthaus Bollenwees, 9058 Brülisau, www.bollenwees.ch | **Anfahrt** Der Fählensee respektive die Bollenwees ist nur zu Fuss erreichbar, zum Beispiel von Appenzell nach Brülisau: mit Gondelbahn zur Alp Sigel, von dort über Chüeboden wandern bis Bollenwees (circa 2 Stunden). | **Tipp** Kein Geheimnis lässt der Blick vom Hohen Kasten aus: Im Drehrestaurant geniesst man eine 360-Grad-Rundsicht auf die Alpsteinketten, das Appenzellerland, ins St. Galler Rheintal und die Vorarlberger Alpen (www.hoherkasten.ch).

68 Die Felsenbeiz

Die ganze Welt im Aescher

Spektakulär klebt das Berggasthaus Aescher-Wildkirchli an einem 100 Meter hohen Felsen und kontrastiert mit seiner sonnengebräunten Holzfassade mit der grauen Steinwand, den dunklen Tannenwäldern und den saftig grünen Weiden. Ein Bild, das sich einbrennt. So dramatisch schön, dass das amerikanische Magazin «National Geographic» ein Foto des St. Galler Hobbyfotografen Peter Böhi 2015 auf das Titelbild hievte und das Aescher-Wildkirchli zum «Place of a Lifetime» – einem Ort, den man gesehen haben muss – erklärte. Prominente wie Ashton Kutcher oder Roger Federer posteten Bilder vom Aescher auf Instagram. Seither ist die beschauliche Welt auf 1.454 Metern über Meer aus den Fugen geraten – und der Ort eine Art Sinnbild für Overtourism.

Wer an einem schönen Tag von der Ebenalp-Bergstation die rund 15-minütige Wanderung via Wildkirchli-Höhlen zum 1864 erbauten Berggasthaus unter die Füsse nimmt, fühlt sich ein bisschen wie auf einer Ameisenstrasse. Die ganze Welt scheint zu diesem Ort zu pilgern. Und trotzdem ergattert man meist einen freien Stuhl auf der Sonnenterrasse und kann sich von den Gastgebern Melanie Gmünder und Gallus Knechtle von der Pfefferbeere AG mit traditionellen, aber neu gedachten Gerichten verwöhnen lassen. Ein Klick des Servicepersonals auf dem Smartphone, und nur ein paar Minuten später steht das Gewünschte auf dem Tisch.

Der Aescher – und auch das Wildkirchli und ihre Höhlen gleich um die Ecke – zog die Menschen seit jeher an. In den Höhlen sollen schon die Neandertaler gehaust haben. Später machte der St. Galler Humanist Vadian den idyllischen und mystischen Kraftort bekannt, und man errichtete in der untersten Wildkirchlihöhle eine Andachtsstätte. Noch immer werden dort regelmässig Gottesdienste abgehalten. Auch der deutsche Schriftsteller Viktor von Scheffel pries in seinem romantischen Werk «Ekkehard» die Gegend. Kein Wunder also, dass sie auch heute noch ein «Place of a Lifetime» ist.

Adresse Berggasthaus Aescher, 9057 Schwende-Weissbad, www.restaurant-aescher.ch |
Anfahrt von Appenzell auf der Hauptstrasse nach Wasserauen, dort parken und entweder
mit der Ebenalpbahn bis zur Bergstation und zu Fuss 15 Minuten zum Aescher oder von
Wasserauen via Seealpsee in 1 Stunde und 40 Minuten zum Aescher | **Öffnungszeiten**
Anfang Mai–Nov. | **Tipp** Wer dem Rummel im Aescher entfliehen will, dem sei die «Loki»
beim Bahnhof Wasserauen empfohlen. Das Lokal in einem ausgedienten Zugwagen der
Appenzeller Bahnen verwöhnt die Gäste bei schönem Wetter ab elf Uhr (Wochenende ab
neun Uhr) mit kleinen Leckereien.

69 Das Freiluft-Atelier

Wo Roman Signers Karriere begann

Der Weg zum Glandenstein hinter dem Hotel Hof Weissbad ist eine Sackgasse, die im «End der Wölt» im Geröll des Weissbaches endet. Für Roman Signer aber bedeutet der Ort den Startpunkt seiner Karriere. Als kleiner Bub sei er schon hier gewesen, erinnert sich der international bekannte Aktionskünstler – im Schwimmbad und auf der Eisbahn. Das Schwimmbad gibt es inzwischen nicht mehr, es wurde zugeschüttet. Im Winter aber wird der Platz immer noch in eine Eisbahn umfunktioniert. Im Sommer ist der Ort für Signer die ideale Spielwiese für seine experimentelle Kunst. Schmunzelnd steht der Appenzeller Künstler am Weg, betrachtet aufmerksam jeden Zentimeter des Geländes.

«Was ich mache, ist keine Land Art», betont er. «Die Natur ist mein Freiluft-Atelier.» Deshalb sieht man im Glandenstein auch keine Kunst von ihm – sie wird höchstens auf Bildern, Super-8-Filmen oder Videos festgehalten. Signers Interesse gilt der Veränderung, dem Wirken der Zeit. Als «experimentelle Zeitformen» bezeichnet der Philosoph Paul Good Signers Kunst. Manchmal knallt und zischt es, spritzt und wirbelt es. So zaubert er mittels einer Sprengstoffkugel, die er in den Fluss gelegt hat, eine beeindruckende Wassersäule. Oder er jagt Hüte auf mit Wasser gefüllten Eimern in die Luft. Dann wieder experimentiert er mit Quadrokoptern, die er durch die Luft fliegen lässt.

Dank einer Sonderbewilligung des Landbesitzers, dem Hotel Hof Weissbad, darf Signer das Gelände jederzeit befahren. «Und man lässt mich in Ruhe.» Meistens jedenfalls. Einmal jedoch kam die Polizei vorbei, als er gerade mit Fässern hantierte. Beruhigt zog sie wieder ab, als sie feststellte, dass ein «Öseriger» am Werk war.

«Es ist ein magischer Ort», sagt Roman Signer. Gewiss, gibt es doch auch eine Legende von einer Wasserjungfrau, die beim Glandenstein so manchen Mann in die Tiefe des Baches gezogen haben soll. Roman Signer hat sie bisher noch nie erwischt.

Adresse Glandenstein, 9057 Schwende-Weissbad | **Anfahrt** von Appenzell auf der Umfahrungsstrasse Richtung Weissbad bis Hotel Hof Weissbad, zu Fuss in 15 Minuten bis Glandenstein | **Tipp** Im Hotel Hof Weissbad sind gleich diverse Kunstwerke von Roman Signer zu sehen. Vor dem Eingang liegt ein rotes Kajak in einem Wasserbrunnen, in der Hotellobby steht eine Fasstonne, die das Regenwasser einfängt, im Park erfreut eine Wasserinstallation die Gäste und im Gesundheitszentrum sind sieben Fotoprints und eine Videoinstallation des Künstlers zu sehen (www.hofweissbad.ch).

70 Der Leuenfall

Magischer Kraftort mit Rekordpotenzial

Der Berndlibach hat es in sich. Er entwässert das Gebiet zwischen Schäfler und Öhrlikopf und stürzt dann via Leuenfall 34 Meter hinunter in den Weissbach. Bevor es so weit ist, schiesst er erst über ein sanftes Mooskissen, schlägt ein letztes Mal auf einen Felsvorsprung auf, und erst dann geht's bergab direkt ins Becken. Ein echter Kraftort soll diese Stelle sein. Und ein prachtvoller Anblick dazu, wenn man davorsteht und die kühlende Gischt auf der Haut spürt. Selbst während längeren Trockenperioden führt der Leuenfall im Sommer noch so viel Wasser, dass man sich fragt, wo er diese Menge nur herholt. Geradezu magisch wirkt der Bach im Winter, wenn er teilweise zu Eis erstarrt ist.

Der Leuenfall gilt als einer der schönsten Wasserfälle der Ostschweiz. Dabei ist es fast ein Wunder, dass er heute noch in seiner ganzen Schönheit fliessen kann, beziehungsweise der Hartnäckigkeit der Appenzeller zu verdanken: Während der Blütezeit der Textilindustrie wollten nämlich die St. Galler, die das Einzugsgebiet des Leuenfalls gekauft hatten, das Quellwasser zur Trinkwasserversorgung benutzen. Bis vor das Bundesgericht mussten die Appenzeller gehen, um ihren Wasserfall zu retten. 40 Jahre später bedrohte ein Stromprojekt den Leuenfall, dieses wurde aber vom Kanton abgelehnt.

In die Schlagzeilen kam der Leuenfall später noch einmal – dank Felix Lämmler. Im Winter 2007 stürzte sich der Appenzeller mit seinem Kanu wagemutig über den Felsen und stellte damit den Weltrekord im Wasserfallstürzen auf. Später allerdings wurde er vom Amerikaner Tyler Bradt übertrumpft, der sich über die Palouse Falls in Washington 57 Meter in die Tiefe stürzte. Eine Idee davon, wie sich ein solches Abenteuer anfühlt, erhält man bequem im Fernsehsessel. Einer der Trailer des Schweizer Fernsehens wurde am Leuenfall gedreht: Mehrere Dutzend rote Rechtecke purzeln darin über den Wasserfall und bilden schliesslich die rote Eins des Senders.

Adresse Leuenfall, Lehmen, 9057 Weissbad | **Anfahrt** von Appenzell auf der Umfahrungs-strasse nach Weissbad, im Dorf abbiegen auf die Triebernstrasse und dieser bis Lehmen folgen, von dort zu Fuss auf dem Wanderweg in 15 Minuten zum Wasserfall | **Tipp** Nur unweit vom Leuenfall stehen die Wallfahrtskapelle Maria im Ahorn und das Berggasthaus Ahorn. Im Innern der 1937 neu erbauten Kapelle findet man ein geschnitztes Gnadenbild, das aus der ersten Hälfte des 17. Jahrhunderts stammen soll.

71___Die Regensammler

Jeder Wassertropfen zählt

Der Totenkopf auf der Toilette sieht etwas angsteinflössend aus. «Händewaschen verboten!», steht darunter. Das Wasser aus dem besagten Wasserhahn darf nur zum Toilettenspülen benutzt werden. Im «Schäfler», oberhalb der Ebenalp, zählt jeder Wassertropfen. Weil das Berggasthaus mit der schönen Rundsicht über das Alpstein-Gebiet auf Karstgelände steht, gibt es weit und breit keine einzige Frischwasserquelle. Das Wasser vom Himmel ist deshalb so kostbar, dass es Wirt Dölf Dobler nicht nur vom Dach, sondern auch seitlich der Fassade in Regentraufen auffängt, wo es dann in die drei Reservoirs geleitet wird, die alle untereinander verbunden sind und 95 Kubikmeter Wasser fassen.

Bereits beim Bau des Gasthauses anno 1915 hat Franz Dörig, «Äscherfrenz» genannt, ein erstes Reservoir aufgestellt. Es steht noch heute im Keller und ist auch in Gebrauch. Zwei weitere Reservoirs sind bei späteren Umbauten dazugekommen. Um das Wasser aus den Tanks überhaupt nutzen zu können, wird es durch einen Schwebstoff- sowie einen UV-Filter geleitet, um eventuelle Keime abzutöten. Eine Pumpe verteilt es dann auf das Leitungssystem, von wo es mit rund drei Bar Druck aus dem Wasserhahn kommt. Als 2009 die Küche umgebaut wurde, hat man die sogenannte «Grauwassernutzung» erweitert: Nun kommt zusätzliches Wasser aus dem Kondensat des Steamers und aus der Waschmaschine, das nun eben zum Spülen der Toiletten eingesetzt wird.

In der rund fünf Monate langen Saison verbraucht das «Schäfler», je nach Gästeaufkommen, rund 120 bis 140 Kubikmeter Wasser (im heissen und trockenen Sommer 2018 waren es gar 185). Zum Vergleich: Eine vierköpfige Schweizer Familie verbraucht allein durchschnittlich 240 Kubikmeter im Jahr.

Am liebsten ist es Dölf Dobler übrigens, wenn der Regen «rüebig grad» fällt und nicht seitlich wild an die Fassade peitscht. «So gelangt am meisten Wasser ins Reservoir.»

Adresse Berggasthaus Schäfler, 9057 Schwende, www.schaefler.ch | **Anfahrt** von Appenzell auf der Weissbadstrasse, dann auf der Schwendetalstrasse bis Wasserauen, ab Parkplatz mit der Ebenalpbahn zur Bergstation, dann zu Fuss dem markierten Wanderweg Richtung Schäfler folgen (circa 1 Stunde) | **Öffnungszeiten** Ende Mai–Ende Okt., je nach Schneelage täglich | **Tipp** Vom Schäfler führt eine schöne Wanderung via Altenalpsattel in rund 80 Minuten zum Berggasthaus Mesmer (www.mesmer-ai.ch).

72_ Der Whisky-Keller

Hochprozentiges für Sammler

Er funkelt kupfrig, fast rotgoldig im Glas. Intensive Noten von reifen Früchten und zarten Gewürzen wie Kardamom, Vanille und Zimt umschmeicheln die Nase. Und dann erst im Gaumen: Dunkle Schokolade mit Rumrosinen und gerösteten Mandeln ist zu schmecken! Ein olfaktorisches Kraftpaket mit 50 Volumenprozent! Sepp Manser lächelt stolz. Sein Whisky Edition Meglisalp ist der Hammer. Wohl auch deshalb, weil er nicht in irgendeinem Tank gelagert wird, sondern in einem echten Portweinfass auf 1.520 Metern über Meer. Fünf solcher Whiskyfässer, darunter auch ein Sherryfass, stehen in einem kleinen, kaum mannshohen Kellerhäuschen mitten auf der Kuhweide. Früher wurde es als Kühlschrank des Hotels benutzt. «Hier ist die Temperatur konstant und die Feuchtigkeit sehr hoch», erklärt Manser, der mit seiner Familie das Berggasthaus im kleinen Sennendorf Meglisalp führt. Um dahin zu kommen, muss man freilich gut zu Fuss sein.

Die Meglisalp ist aber nur eine Station auf der «höchstgelegenen Whiskytour der Welt». Die Idee für den Whisky-Trek stammt ebenfalls von Sepp Manser. Er war der Erste, der in der Gegend – zusammen mit der Brauerei Locher in Appenzell – einen eigenen Whisky ausbaute. Inzwischen gibt es im Appenzell mehr als zwei Dutzend Berggasthäuser, die seit 2015 ihre eigene Version eines Säntis Malt anbieten. An jedem Ort kann der hauseigene Whisky im Offenausschank genossen – oder auch in Zehn-Zentiliter-Fläschchen mit nach Hause genommen werden. Es gibt zwei Sammler-Touren: die kürzere mit neun frei wählbaren Berggasthäusern oder die komplette Tour mit 26 Stationen.

Jede Station hat dabei so ihre Besonderheit: Im Berggasthaus Ahorn etwa liegt das Whiskyfass in einem Erdloch, im Eggli wird er im russischen Eichenfass ausgebaut, und im Mesmer kann man gleich beim Sherryfass im «Sennenhöttli» übernachten. Und auf der Meglisalp gibt es den abendlichen Alpsegen noch gratis dazu.

Adresse Berggasthaus Meglisalp, 9057 Schwende-Weissbad, www.meglisalp.ch, www.whiskytrek.ch | **Anfahrt** von Appenzell auf der Weissbadstrasse, dann auf der Schwendetalstrasse bis Wasserauen, ab Parkplatz zu Fuss dem markierten Wanderweg folgen (circa 2,5 Stunden) | **Öffnungszeiten** Mai–Ende Okt., Tel. 071/7991128 | **Tipp** Bei der Station Wasserauen hat der Museumsverein Appenzeller Bahnen ein kleines Museum eingerichtet. Neben historischen Fahrzeugen im ehemaligen Depot der (nie entstandenen) Säntisbahn zeigt es im Sinne einer Dokumentation jedes Jahr ein anderes Thema aus der Geschichte der Appenzeller Bahnen (www.museumsverein-appenzeller-bahnen.ch).

73_ Die Biberli-Fabrik

Warum Sportler die Honigkuchen lieben

War das jeweils eine tolle Belohnung: wenn es nach einem langen Ski- oder Wandertag ein Appenzeller Biberli zum Zvieri gab! Die runden Snacks werden seit über 50 Jahren in vielen Landgasthäusern angeboten. Nicht nur in Weissbad, wo die Familie Bischofberger in der vierten Generation Biberli bäckt. Dort, wo schon im 19. Jahrhundert eine Brot- und Biberbäckerei sowie eine Mehlhandlung stand.

Biber sind ein Honiggebäck und haben vor allem in der Ostschweiz eine lange Tradition. Mit dem Nagetier haben aber auch die Appenzeller Biberli mit der Nussfüllung nichts zu tun, das Wort «Biber» kommt eher von «Bimenzelten», was im Mittelalter «flacher Kuchen mit pigmentum, Nelkenpfeffer» bedeutete.

So klein die Biberli auch scheinen – sie sind sehr nahrhaft. Das war auch Josef Bischofberger, der die Bäckerei 1960 von seinen Eltern übernommen hatte, klar. Er brachte seinen Militärkameraden jeweils Miniaturen der Biber, wie man sie damals kannte, mit. Gut möglich, dass der hilfsbereite Bäcker damit der ganzen Schweiz als Erster vorführte, dass man Biber eigentlich nicht nur zu Weihnachten essen könnte.

Vielleicht ist es auch Josef Bischofbergers Verdienst, dass heute der Appenzeller Biber viel bekannter ist als der St. Galler, der im Wesentlichen nicht viel anders schmeckt. Dass die Biberli immer noch so beliebt sind, ist sicher auch ihrer Erscheinung zu verdanken, denn mit einem Biberli ersteht man ja immer ein wenig Kunst. Einerseits wegen der Prägung (ein Appenzeller Bär) auf dem Biber, andererseits weil sie sozusagen in Appenzeller Bauernmalerei verpackt sind. Je nach Jahreszeit wechseln die immer gleichen acht Bödeli-Motive. Sie zeigen Sennen beim «Öberefahre», also beim Alpzug. Weil die Bischofbergers Skifans sind, ist auf einigen Bibern ein Skifahrer zu sehen. Was Sinn macht: Bei Wintersportlern sind Biberli als Snack sehr beliebt – weil sie nicht gefrieren.

Adresse Bischofberger AG, Weissbadstrasse 118, 9057 Weissbad, www.baerli-biber.ch |
Anfahrt Von Appenzell auf Umfahrungsstrasse nach Weissbad. Die Bäckerei befindet
sich rechts vor dem Ortseingang. | **Öffnungszeiten** Mo – Fr 8 – 12 und 13 – 17 Uhr | **Tipp**
Nicht um Biber, aber um Hirsche geht es im Herbst im Weissbachtal: Dort kann man
das Geschrei und Geröhre während der Hirschbrunft miterleben, auch auf Führungen
(www.appenzell.ch).

74__Die Nussschalen-Station

Mit dem Porsche auf die Staubern

Ist er verrückt oder eher ein Visionär? Wenn Daniel Lüchinger hört, was über ihn gesagt wird, huscht ein schelmisches Lächeln über sein Gesicht. «Vielleicht beides», meint der Wirt vom Berggasthaus Staubern ob Frümsen im Rheintal. Angefangen hat alles mit gebrauchtem Frittieröl, das er von anderen Gasthäusern einsammelte, um damit Strom für sein Berggasthaus zu produzieren. Dann hatte er sich in den Kopf gesetzt, die dazugehörende Seilbahn energetisch neutral zu betreiben. Der begeisterte Tesla-Fahrer liess sich dabei von der Technologie des Elektro-Unternehmens inspirieren. Er fand tatsächlich Ingenieure aus der Region, die eine ähnliche Technologie für seine Bergbahn entwickelten. Zwei Fotovoltaik-Anlagen an der Talstation und auf der Staubern liefern nun den Strom. «Der Solarstrom und die Bremsenergie, die beim Abwärtsfahren entsteht, werden dann in zwei Batterien gespeichert.» Ein Kupferdraht am Tragseil sorgt dafür, dass der Strom auch auf den Berg kommt.

«Da wir von der sauberen Natur leben, wollen wir die Umwelt möglichst schonen», erklärt Lüchinger, dessen Familie das Berggasthaus schon seit mehreren Generationen betreibt. Die neue Bahn in schickem Porsche-Design, die 1.238 Höhenmeter überwindet, hat die Staubern innerhalb kürzester Zeit weit über die Schweiz hinaus bekannt gemacht. Selbst Chinesen seien schon da gewesen, um die Bahn zu bestaunen.

Auch für die neu gestaltete Talstation hat sich Lüchinger etwas Besonderes einfallen lassen: Weil in Frümsen sehr viele Walnussbäume wachsen und der Weiler als Nussdorf gilt, hat die Wartestation die Form einer überdimensionierten Nussschale.

Und noch etwas fällt beim Besuch des Berggasthauses Staubern auf: der gelbe Briefkasten, der spektakulär oben am Fels hängt. Ihn hängte der umtriebige Gastwirt einst aus Protest gegen den Poststellenabbau auf. Der Briefkasten wird übrigens immer noch regelmässig geleert – einmal im Jahr, im November.

Adresse Staubern, Holengass 11, 9467 Frümsen, www.staubern.ch | **Anfahrt** Route 13 (Sargans – St. Margrethen) bis Salez, dann links abbiegen auf Frümsnerstrasse, nach 2,3 Kilometern rechts abbiegen auf Holengass, dann dem Wegweiser Staubernbahn folgen | **Öffnungszeiten** April – Nov. täglich geöffnet, Okt. 8 – 22 Uhr, Nov., Dez. 9 – 22 Uhr bei gutem Wetter | **Tipp** Seit 1475 steht in Salez das Restaurant «Löwen». Berühmt wurde das Haus wegen des Mordes am Freiherrn Johann Philipp von Hohensax im Jahr 1596. Heute geht es weit gemütlicher zu und her (www.loewen-salez.ch).

75 — Die Echofelsen

Wo der Berg sieben Mal ruft

Das Echo bei den Kreuzbergen: Manchmal blöken die Schafe mit, grad so, als ob sie in das Lied einstimmen wollten. Sieben Mal rufen die Felsen bei der Roslenalphütte zurück, wenn sie angejauchzt werden, manchmal auch weniger, doch das tut der Freude keinen Abbruch: So ein vielfaches Echo gibt es nicht oft, und es macht einen froh, dass man die Wanderung auf sich genommen hat. Der Schnauf für einen Juchzer sollte in jedem Fall noch vorhanden sein: Die Wanderung von der Bergstation der Stauberenbahn über die Saxer Lücke zur Roslenalp dauert nur ungefähr zwei Stunden. Gut möglich, dass man bei diesem tollen Phänomen ein bisschen ins Philosophieren kommt: Was ist eigentlich ein Echo? Theoretisch ein Widerhall, der sich vervielfachen kann – reflektierte Schallwellen, die an ihrem Ausgangspunkt wieder wahrgenommen werden.

Die Vereinigung «Echotopos» sieht das ein wenig romantischer: «Im Echo begegnen wir uns selbst und einem Stück authentischer Heimat. Zwischen Bergen, Tälern, Felswänden, Wäldern, Seen und Weiden entfaltet sich in den Alpen eine mythische Lautsphäre, die bis heute weder dokumentiert noch vermessen wurde.» Echotopos hat es sich zum Ziel gesetzt, eine Karte mit den schönsten Schweizer Echos zu erstellen – die Kreuzberge sind natürlich mit dabei. Wer will, kann mithelfen, das Online-Archiv zu vervollständigen.

Oft hat der Ruf der Berge ja auch etwas Mystisches, etwas Geheimnisvolles. Vielleicht ist das der Grund, warum so viele Jodelchöre und Ländlerkapellen den Begriff «Echo» in ihrem Namen mitführen? Weil sie manch eine Idee für ein Stück aus einem Widerhall gezogen haben? Wer weiss.

Doch zurück zu den Kreuzbergen, bei denen man idealerweise bei guten Wetterverhältnissen seine Echo-Fähigkeiten ausprobiert. Am besten steht man dabei auf dem Felsvorsprung ungefähr drei Meter neben dem Wanderweg, der gleich über der Roslenalphütte weiterführt in die Wunderwelt des Alpsteins.

Adresse Roslenalp, Sennwald, www.echotopos.ch | **Anfahrt** Die Wanderung von der Stauberen über die Saxer Lücke zur Roslenalp dauert ungefähr zwei Stunden. Von Brülisau her ist es etwas länger: etwa drei Stunden. | **Tipp** Ein Besuch in der malerisch zwischen dem Roslenfirst und den Kreuzbergen gelegenen Roslenalphütte, die an Wochenenden während der Wander- und Klettersaison bewartet ist und der Alpinen Rettung (Rettungskolonne Sax) als Station dient. Von der Saxer Lücke aus dauert die Wanderung circa 30 Minuten.

76__ Der Instagram-Spot

Warum die Saxer Lücke Likes garantiert

Der Alpstein sei das vielleicht schönste Gebirge der Welt, meinte Geologe Albert Heim (1849–1937) einst. Besonders gut nachvollziehbar ist seine Aussage bei der Saxer Lücke. Während es zu Heims Zeiten bei wortreichen Schwärmereien und vielleicht dem einen oder anderen Foto oder gemalten Bild blieb, zückt man heute das Handy. Schon verständlich: Die Aussicht aufs Rheintal, hinauf zu den Kreuzbergen und in die ganze Pracht des Alpsteins (aus 1.649 Metern Höhe!) verleitet zum Fotografieren. Und die Position etwas oberhalb der Lücke auf dem Bergweg oder direkt auf dem Sax-Schwende-Bruch garantiert fast in jedem Fall ein schönes Bild. Oder ein interessantes: Der Bruch selbst hat etwas Irritierendes, wie er sich von Sax im Rheintal bis Schwende im Appenzellischen durch den Alpstein zieht.

Davon abschrecken lassen sich nur wenige, auch nicht von der mehr oder weniger anstrengenden Wanderung, die vorausgeht. Kurz: Beim Knipsen ist man selten allein. Die Route vom Hohen Kasten über den Grat zur Staubern und der Saxer Lücke ist ja auch bekannt als «Grüezi-Weg» – weil Berggänger bei schönem Wetter fast nicht mehr aus dem Grüssen herauskommen.

Bei der Saxer Lücke steht die zweitletzte Tafel des seinerzeit ersten geologischen Wanderwegs der Schweiz. Dieser beginnt beim Hohen Kasten, und wahrlich gibt es kein geeigneteres Terrain für solch einen Anschauungsunterricht – man hat ja zweifelsohne stets das vage Gefühl, durch ein gigantisches Erdkundemuseum zu schreiten. In diesem nördlichsten Teil der Alpen sind geologische Phänomene der Gebirgsbildung gut zu erkennen und – zumindest teilweise – auch für Laien nachvollziehbar. Zum Beispiel kann man sich durchaus vorstellen, dass das Rheintal einst mit Eis überdeckt gewesen ist. Und selbst wenn nicht: Spektakuläre Gesteinsfalten, Grate, Felswände und Täler machen sich auch ohne wissenschaftliche Erklärungen gut auf Instagram.

Adresse Saxer Lücke, Sennwald-Sax | **Anfahrt** Route 13 Appenzell – Frümsen, dort mit der Staubernbahn bis Berggasthaus Staubern, zu Fuss dem Wanderweg folgen (circa 1,5 Stunden) | **Tipp** Trittsichere gehen weiter zur Zwinglipasshütte, die 2017/18 saniert worden ist. Die Wanderung von der Saxer Lücke zum Zwinglipass dauert ungefähr 2,5 Stunden (www.sac-toggenburg.ch).

77 Das Naturschwimmbad

Baden auf der Kantonsgrenze

Eine besondere Szenerie offenbart sich dem, der bei der Strafanstalt Gmünden bei Stein den rund zehnminütigen Weg hinunter ins Tobel nimmt. Über einen schmalen Zickzackweg und einige Treppen gelangt man an den geografisch tiefsten Punkt des Kantons Appenzell Innerrhoden. Hier, wo die Sitter und der Rotbach zusammenfliessen, hat sich eine Naturbadewanne gebildet. «Strom» heisst der Ort, der zu den romantischsten Badeplätzen der Schweiz gehört. Unmittelbar davor durchbricht die Sitter mächtige Sandsteinschichten und bewirkte durch das starke Gefälle ein Auswaschen des Beckens. Der imposante Verlauf der Schlucht soll übrigens eine Folge von Stillständen des Sitter-Gletschers während der Rückschmelzphase der letzten Eiszeit – vor rund 16.000 Jahren – gewesen sein. Und so watet man im kühlen Wasser über Steine, die an Fabelwesen erinnern. Oder man setzt sich zum Sonnenbaden darauf und geniesst die Stille.

Wer heute das Naturschwimmbad aufsucht, dessen Wasser je zur Hälfte Appenzell Ausserrhoden und Appenzell Innerrhoden gehört, wird allerdings nicht immer allein sein. Obwohl der Badeplatz ausser einer Grillstelle keinerlei Infrastruktur bietet, zieht er an warmen Sommertagen zahlreiche Familien an. Ältere Semester mögen sich noch daran erinnern, dass der Badeplatz einst über ein Sprungbrett verfügte. In den 1940er Jahren hatte der Schwanen-Wirt von Niederteufen sogar die Erlaubnis, beim «Strom» alkoholfreie Getränke auszuschenken. Nach 1950 geriet der idyllische Platz aber in Vergessenheit, wohl auch, weil das Wasser durch die zunehmende Gewässerverschmutzung nicht mehr sauber war. Dafür benutzte so mancher Häftling das Tobel als Fluchtweg. Heute besteht diese Gefahr nicht mehr, gelten die Insassen von Gmünden doch weder als fluchtgefährdet noch als allgemeingefährlich. Sodass man beim «Strom» das Sonnenbad ganz ohne Sorge geniessen kann.

Adresse Strom, 9063 Stein AR | **Anfahrt** von Appenzell via Enggenhüttenstrasse und Au nach Stein, rechts abbiegen auf Untere Grub und weiter bis Gmündertobelbrücke, dort parken und zu Fuss vorbei an der Strafanstalt hinunter zum Strom | **Tipp** Wenn die Rezeptur des Appenzeller Käses auch ein Geheimnis bleibt, bei der Herstellung kann man zuschauen: Die Schaukäserei befindet sich in Stein, Dorf 711 (www.schaukaeserei.ch).

78___Die Bach-Kirche

Jeden Monat eine Kantate

Monat für Monat wiederholt sich das Prozedere, seit 2006 bereits. Und ist doch jedes Mal anders. Wenn die J.-S.-Bach-Stiftung in die schmucke evangelische Grubenmann-Kirche von 1782 (manchmal auch anderswohin) lädt, wird jeweils eine Kantate des Barock-Komponisten gespielt. Rund 220 sind es insgesamt, dazu ein paar Motetten, Messen und Passionen. Der Zeithorizont des Projektes beläuft sich also auf etwa 25 Jahre.

Weil eine Kantate allein noch kein abendfüllendes Programm hergibt, erfolgt jeweils eine musikalisch-theologische Werkeinführung von Rudolf Lutz, der mit seinen geistreichen Ausführungen die rappelvolle Kirche in Erstaunen versetzt. Lutz ist ein «Homo musicus» – nicht nur ein international gefragter Pianist und Organist, sondern auch ein Dirigent und Komponist, vor allem aber ein hervorragender Kommunikator – und kann die Welt von Bach, sein Denken und Fühlen den Zuhörern sehr lebendig näherbringen. Also zeigt er zum Beispiel, wie die Bach-Kantate «Also hat Gott die Welt geliebt» (BWV 68) auch mit einem jazzigen Auftakt gespielt werden kann. Oder er wirft der Konzertmeisterin einen Windhauch zu, auf dass sie zu tanzen beginnt. Da wird selbst der grösste Bach-Verächter zum Bach-Verfechter.

Erst wenn der Magen mit Häppchen und Wein gut gefüllt ist, geht's zur ersten Aufführung der Kantate. Dann folgt eine Reflexion über den Kantatentext mit Diskursen bekannter Persönlichkeiten – etwa Rüdiger Safranski, Hans Magnus Enzensberger oder Adolf Muschg. Und als Schlusspunkt folgt die nochmalige Aufführung der Kantate – auf historischen Instrumenten.

Hinter der aus privaten Mitteln entstandenen Stiftung steht der Unternehmer Konrad Hummler und ein breiter Kreis von Unterstützern. Ihr Ziel ist es, das gesamte Vokalwerk Bachs aufzuführen und in Ton und Bild aufzuzeichnen – auf dass es als eines der wichtigsten abendländischen Vermächtnisse kommenden Generationen weitergegeben werden kann.

Adresse Evangelische Kirche, Landsgemeindeplatz, 9043 Trogen | **Anfahrt** von Appenzell auf Umfahrungsstrasse nach Osten, zweite Ausfahrt auf Gaiserstrasse nehmen Richtung Gais, in Gais zweite Ausfahrt auf Hauptstrasse, dann folgen bis Bühler, rechts abbiegen auf Dorf und weiter auf Trogenerstrasse und Pfand bis Trogen Landsgemeindeplatz | **Öffnungszeiten** Konzerte siehe Programm unter www.bachstiftung.ch | **Tipp** Das alte Waschhäuschen am Landsgemeindeplatz gibt Einblick in die Geschichte von Trogen, die stark von der Textilhandelsfamilie Zellweger geprägt ist (www.jahrhundertderzellweger.ch).

79_ Das Kinderdorf

Wo Gross und Klein spielen

Eine Warnung gleich zu Beginn: Wer sich erst einmal in der aus alten Feuerwehrschläuchen geflochtenen Hängematte fläzt, will ewig weiterschaukeln. Es ist, als ob man im Urlaub wäre, einem richtig spassigen, hier, hoch über Trogen. Die Hängematten baumeln noch nicht lange an den Bäumen im hinteren Teil des Kinderdorfes. Sie entstanden, zusammen mit vielen anderen Attraktionen auf dem Gelände, während eines einzigen Tages im Herbst 2018. 550 Helfer eines Bautechnologiekonzerns und 150 Profis einer Spielplatzbaufirma halfen mit, den Aussenraum dieses «Dorfes im Dorf» zu verschönern.

Seit 1946 kommen Kinder aus der Schweiz und dem Ausland für kurze oder lange Zeit hierher. Sie lernen, mit kulturellen und sozialen Unterschieden umzugehen, oder dürfen eine Auszeit geniessen. Die Stiftung Kinderdorf Pestalozzi ermöglicht ausserdem benachteiligten Kindern in zwölf Ländern weltweit den Zugang zu qualitativ guter Bildung. Wie das konkret aussieht, lässt sich im Besucherzentrum erleben. Dort erfährt man unter anderem, wie und warum das Kinderdorf Pestalozzi nach dem Zweiten Weltkrieg überhaupt entstanden ist, was der visionäre Grundgedanke von Gründer Robert Corti war (gefährdete Kinder aus Krisengebieten aufzunehmen, zum Beispiel) und was der idyllische Ort heutzutage für Kinder und Jugendliche bedeutet.

Am coolsten ist es aber vielleicht, sich eine Virtual-Reality-Brille aufzusetzen und schwups mal schnell nach Songambele zu reisen. Wo das liegt? In Tansania, Afrika. Dort wohnt auch Ezekiel, den man dank dieses technischen Mini-Kinos begleitet, wie er zur Schule geht, wie er zu Hause hilft oder wie er mit seinen Freunden spielt.

Apropos: Im erwähnten Themenpark mit Schaukeln, Grillstelle, Klettergerüsten und vielem anderen mehr kann man sich im Kinderdorf richtig verlieren – im positiven Sinne! Und das gilt nicht nur für die Kleinen.

Adresse Kinderdorf Pestalozzi, Kinderdorfstrasse 20, 9043 Trogen | **Anfahrt** von Appenzell über Umfahrungsstrasse und Gaiserstrasse nach Trogen, kurz vor Ortseingang rechts auf Büel | **Öffnungszeiten** Mo–Fr 8–12 und 13–17 Uhr, So 10–16.30 Uhr | **Tipp** Sophie Taeuber (1889–1943) war eine der grossen Schweizer Künstlerinnen des 20. Jahrhunderts. In Trogen, wo sie aufgewachsen ist, zeugt allerdings nur noch eine Gedenktafel an der Villa Taeuber davon (www.trogen.ch).

80 Das kleine Konferenz-zimmer

Ein Kunstraum im Zwischenraum

Es ist nur eine kleine Nische, die an der leicht abfallenden Gasse Hinterdorf in die Strassenmauer eingelassen ist: 130 auf 130 Zentimeter gross, mit einem Bogenabschluss. Ein Zwischenraum sozusagen, den niemand so richtig zu nutzen wusste. Einst stand darin ein Hydrant, später wurde auch Altpapier darin deponiert – oder Kinder nutzten ihn für allerlei Streiche. Immer wieder schlenderte Hapiradi Wild daran vorbei und fand, das sei der perfekte Ort für einen Kunstraum.

Einen Besitzer hatte dieser vergessene Raum durchaus. Also hat die Künstlerin bei ihm die Erlaubnis eingeholt, die ungebrauchte Nische aus dem Dornröschenschlaf zu erwecken. Für «das kleine Konferenzzimmer», wie sie die Nische nennt, organisiert sie nun Kunstaktionen zu Themen der Zeit. Weltliches. Alltägliches. Kommendes. Gegensätzliches. Und rückt den öffentlichen Raum als Diskussionsort wieder ins Bewusstsein der Einwohner.

Wie zum Beispiel mit der Kunstaktion «Apéromat», die sie dort zum Thema Roboter und Arbeit realisierte. Anhand der Gesichtsscans von Passanten wurde jeweils ein individueller Apéro kreiert – und löste dadurch so manche Diskussion aus. In einer anderen Aktion stellte sie Fragen zum Nationalfeiertag. Ist eine Nation eine Gemeinschaft? Kann die Herkunft verlassen werden? Würde die Welt ohne Nationen funktionieren?

«Der Raum ist der Öffentlichkeit ausgesetzt – und wie eine gewonnene Freiheit, mit der man experimentieren kann», erklärt Hapiradi Wild, deren Vornamen auf das Wort «Glückseligkeit» in Sanskrit zurückgeht. «‹Das kleine Konferenzzimmer› soll ein Ort sein, an dem man sich Gedanken macht über Leben und Sein», meint die Künstlerin. Einen solchen brauche es immer, selbst wenn Trogen – laut einer Umfrage – die glücklichste Gemeinde der Schweiz sei.

Adresse Hinterdorfstrasse, 9043 Trogen | **Anfahrt** von Appenzell auf der Umfahrungs-
strasse nach Osten, zweite Ausfahrt auf Gaiserstrasse nehmen Richtung Gais, in Gais
zweite Ausfahrt auf Hauptstrasse, dann folgen bis Bühler, rechts abbiegen auf Dorf und
weiter auf Trogenerstrasse und Pfand bis Trogen, in Trogen auf Hinterdorf bis Fünfeck-
palast | **Öffnungszeiten** immer zugänglich, Kunstaktionen unter www.hapiradi.ch | **Tipp**
Der Fünfeckpalast wurde 1802 bis 1809 vom Gaiser Baumeister Konrad Langenegger als
Wohn- und Geschäftshaus für Johann Caspar Zellweger erbaut. Heute befindet sich darin
noch die Original-Wohnung der Zellwegers, die man auf einer Führung besuchen kann
(Tel. 071/3436421).

81 Die Rasenmacher

Für Fussballer und andere Gras–Liebhaber

Als wenn nicht schon alles grün genug wäre draussen in der Natur! Muss dieses Rasengrün wirklich auch noch nachgemacht werden? Ja, findet Andreas Tischhauser. Und so hat er sich zum Ziel gesetzt, einen täuschend echten künstlichen Rasen herzustellen. So einfach ist das gar nicht. Schliesslich besteht ein Rasen nicht allein aus grünen Grashalmen. Was ihn natürlich aussehen lässt, sind die braunen, verwelkten. Und so ist auch der Rasenteppich «T-Turf S 9 Revolution» von Tisca, der das Unternehmen aus Urnäsch in die oberste Liga katapultiert hat, nicht nur grün. Topmannschaften wie der FC Arsenal oder FK Austria Wien trainieren auf dem «Appenzeller Rasen».

Damit hat Tisca sozusagen die Branche revolutioniert. Die Spezialteppiche werden im Tufting-Verfahren hergestellt – dabei werden die Schlingen ins Grundgewebe eingenäht. Die einzelnen Fäden durchlaufen auf einer Länge von 360 Metern einen Parcours über zwei Stockwerke, bis sie am Ende als fertiger Rasenteppich herauskommen. 20 verschiedene Sorten gibt es mittlerweile – auch welche für den Privatbereich. Und: Dieser Rasen muss nicht zwingend grün sein. Es gibt ihn auch in Pink oder Türkis.

Er ist nicht der einzige Exportschlager, den das Familienunternehmen, das Andreas Tischhauser mit seinen Brüdern Matthias und Nick führt, herstellt. Begonnen hatte die Erfolgsgeschichte der Firma schon 1940 mit Anton Tischhauser senior. Weil Teppichmaterial damals schwer zu bekommen war, stellte er Handwebteppiche aus alten Kleidern und Stoffresten her. Heute gehört zu Tisca neben dem Rasenteppich-Bereich in Urnäsch auch eine Teppich- und Stoffweberei in Bühler, eine Stickerei in Sennwald und eine Handweberei in Siebenbürgen. Wenn es noch einen Beweis für den Erfolg braucht: Nicht nur die Nationalräte im Bundeshaus in Bern schreiten über einen Tisca-Teppich, sondern auch die Besucher im Auswärtigen Amt in Berlin oder im Casino Hamburg.

Adresse Tisca Tischhauser AG, Schwägalpstrasse 111, 9107 Urnäsch, www.tisca.com |
Anfahrt von Herisau Route 8 folgen, Urnäscherstrasse bis Schwägalpstrasse in Urnäsch
nehmen | **Öffnungszeiten** Besichtigung des Showrooms nach vorheriger Anmeldung,
Tel. 071/3656262 | **Tipp** Direkt am Dorfplatz steht das Appenzeller Brauchtumsmuseum.
Dort erfährt man alles über Silvesterchlausen, Bloch, Alpfahrt, Sennenball und Alpstobete
(www.museum-urnaesch.ch).

82 Der Zug-lose Bahnhof

Unterschlupf für verirrte Wanderer

Nachhaltiges Handeln nennt man das, was die Waldstätter mit ihrem alten Bahnhof angestellt haben – lange bevor man diesen Begriff überhaupt kannte. Statt das alte Gebäude zu entsorgen, als ein neues erbaut werden sollte, verkauften sie es an den Landwirt Ulrich Nabulon aus Urnäsch. Dieser liess das Holzhaus in seine Einzelteile zerlegen und mit Ross und Wagen ins Bettenloch nach Urnäsch transportieren. Das war anno 1924.

Der neue Standort war wohlüberlegt. Der geschäftstüchtige Bauer hatte ein lukratives Einkommen gewittert, indem er im Bettenloch Holz schlagen liess und als Bau- und Brennholz verkaufte. Damit die Waldarbeiter (und die Pferde) eine Unterkunft im topografisch unwirtlichen Gelände hatten, liess er kurzerhand den alten Bahnhof auf der kleinen Lichtung hinter der Alp Gross Gerstengschwend aufstellen. Das ganze Unternehmen endete irgendwann in einem Streit um den Waldbesitz in diesem Gebiet – und der Bauer liess den alten Bahnhof Waldstatt in einen Dornröschenschlaf versinken.

Heute steht er immer noch dort – einsam und verlassen, ganz ohne Schienen und Zug, aber mit der Original-Stationstafel «Waldstatt». Fast jedenfalls: Eine lose Gemeinschaft von Waldstätter Senioren um den Hüttenwart Werner Zellweger hat dem Bahnhofsgebäude 2001 wieder neues Leben eingehaucht. Seither sorgen die Senioren für die Instandhaltung, erledigen die Umgebungsarbeiten und stellen Brennholz bereit. So findet ein Wanderer, der sich in die Gegend verirrt, bei allfälligen Gewittern einen praktischen Unterschlupf. Das Haus verfügt nicht nur über einen gemütlichen Essraum, sondern auch über ein Strohlager im ersten Stock, wo sich nächtigen lässt. Aber auch jeder, der einfach nur eine Mittagspause machen und dazu eine Wurst über dem Grill braten will, ist willkommen – sofern er sich an die Hausregeln hält und Gebäude und Umgebung ordentlich zurücklässt.

Adresse 9107 Urnäsch | **Anfahrt** Route 8 Herisau–Urnäsch bis Steinfluh, dann zu Fuss Richtung Gross Gerstengschwend und weiter bis zum alten Bahnhof Waldstatt (circa 30 Minuten) | **Öffnungszeiten** jederzeit zugänglich | **Tipp** Von der Steinfluh führt der Lilly-Weg an 14 von der Bauernmalerin Lilly Langenegger gestalteten Postentafeln vorbei bis zur Haltestelle Hüsli (Wanderzeit: 1,5 Stunden).

83 __ Der Emma-Kunz-Pfad

Visionärin, Forscherin, Heilerin und Künstlerin

Vielleicht hätte sie einfach nur früher ins Appenzellerland kommen sollen, wo man dem Heilwesen schon immer offen gegenüberstand. Emma Kunz (1892–1963) wäre so manche Schmach erspart geblieben. Lange Zeit war die Frau mit den hellseherischen und heilenden Fähigkeiten als Kurpfuscherin verschrien, obwohl viele Menschen ihre Hilfe suchten – sowohl im Aargau, wo sie in einer armen Weberfamilie aufwuchs und als Naturheilpraktikerin arbeitete, wie auch später in Obwalden. Sie heilte nach der Devise, «nicht eine Krankheit zu behandeln, sondern den Menschen, der eine Krankheit hat».

Erst ab 1951 hat sie in Waldstatt die Ruhe gefunden, um ungestört ihren Forschungen und der Malerei nachgehen zu können. Emma Kunz liess sich auf der Schäfliwiese in der Nähe des Waldstätter Bahnhofs ein einfaches Haus bauen, mit extragrossen Fenstern gegen den Säntis. «Jungfer Kunz», wie sie im Dorf genannt wurde, sah man oft in einer weissen Schürze in ihrem üppigen Garten stehen, wo ihr berühmtes Ringelblumenexperiment stattfand. Oder sie versank tagelang in ihren Zeichnungsarbeiten, die sie mit einem Pendel auf Millimeterpapier auftrug.

Erst nach ihrem Tod wurde sie dank Ausstellungsmacher Harald Szeemann zur hochgeachteten Künstlerin. Ihre Bilder wurden in ganz Europa und den USA gezeigt. 1993 ehrte die Eidgenossenschaft sie mit einer Briefmarke – als erste Schweizerin überhaupt. Noch heute pilgern jährlich 20.000 Leute zur Grotte im aargauischen Würenlos, wo sie eine Gesteinsschicht mit energetischer Heilkraft fand und zur anerkannten Heilerde «Aion A» abbauen liess.

Auch Waldstatt, wo sie bis zu ihrem Tod lebte, ehrt die Heilerin – mit einem Emma-Kunz-Pfad mit Infotafeln über ihr Leben und Wirken. Er führt vom Dorfbrunnen vorbei an ihrem einstigen Haus (heute in Privatbesitz) ins Badtobel, einem ausgewiesenen Kraftort, und dann weiter bis zum idyllisch gelegenen Weiher beim Bad Säntisblick.

Adresse Emma-Kunz-Pfad, 9104 Waldstatt | **Anfahrt** Route 8 Herisau bis Waldstatt, Dorfbrunnen | **Öffnungszeiten** jederzeit zugänglich | **Tipp** Das Silvesterchlausen ist ein alter Winterbrauch, der noch in einigen Gemeinden in Ausserrhoden gefeiert wird, wie etwa in Waldstatt oder Urnäsch. Am 31. Dezember und am 13. Januar ziehen die «Schöne» und «Wüeschte» mit ihren kunstvoll verzierten Kopfbedeckungen von Hof zu Hof.

84__ Die Holzofenbäckerei
Hoseknöpfe, Käsefüsse und Biberprügeli

Während sich andere langsam aufs Ohr legen, beginnt für Christoph Engetschwiler die Arbeit erst richtig: Um 22 Uhr holt der Bäcker im Böscheli-Lager das Tannenholz und heizt den Ofen auf 320 Grad ein – wie schon anno 1858, als die Bäckerei ihren Betrieb aufnahm. Imposant ist dieser Holzofen mit einer Backfläche von 2,20 auf zwei Metern, der rückwärtig einen ganzen Raum einnimmt. Dort versteckt sich auch eine kleine Geheimtür. «Die dient zum Aufwärmen der Schokolade», verrät Engetschwiler, der die Bäckerei mit seiner Partnerin Annelies Allenspach führt.

Noch vieles erinnert in dieser Bäckerei an alte Zeiten. Charmant altmodisch sieht der Laden aus mit seinen Holzgestellen – ebenso die Backstube. Ausser der maschinellen Teigherstellung wird immer noch alles nur von Hand gemacht. Und vor allem wird jedes Produkt mit ausschliesslich regionalen Zutaten im Holzofen gebacken: Hoseknöpfe und Käsefüsse, Biberprügeli und Meringues, Ruchbrote und Zöpfe. Sogar die Hochzeitstorten – darauf ist der Bäcker, der viele Jahre in der Westschweiz und in Frankreich arbeitete, besonders stolz. «Man muss das richtige Gefühl haben, wie lange eine Backware im Ofen bleibt.» Das hängt nicht nur von der Temperatur ab, sondern auch von Luftfeuchtigkeit und Luftdruck. «Jeder Tag ist anders, deshalb ist für mich sogar ein Brot wie ein Kunstwerk.»

Obwohl die kleine Bäckerei unscheinbar ausserhalb von Waldstatt Richtung Hundwil liegt, kann sie auf eine grosse Stammkundschaft zählen. Was in der Auslage im Laden angeboten wird, ist jeweils schnell verkauft. 320 Zöpfe und 400 Ruchbrote bäckt Christoph Engetschwiler allein in der Freitagnacht. Seine Brote schmecken so vorzüglich, «weil unser Teig genügend lang ruhen kann». Es seien die besten Backwaren der Ostschweiz, sagen manche. Aber trotz der grossen Nachfrage will Engetschwiler auf keinen Fall vergrössern – sondern so klein wie möglich bleiben.

Adresse Brotkorb GmbH, Mooshaldenstrasse 35, 9104 Waldstatt | **Anfahrt** Route 8 Herisau–Wattwil, Richtung Waldstatt, nach circa 2 Kilometern auf die Mooshaldenstrasse | **Öffnungszeiten** Di–Fr 6–18.30 Uhr, Sa 5–13.30 Uhr, So, Mo geschlossen | **Tipp** Im Dachstock des Seniorenheims Bad Säntisblick befindet sich das «Hölzige Handwerker-Museum» von Werner Zellweger. Der leidenschaftliche Sammler zeigt dort alte Werkzeuge, alte handbetriebene Maschinen und Fachliteratur zu Holzberufen (www.badsaentisblick.ch/altes-handwerk).

85_Die Arbeitersiedlung

Das Quartier der Brendianer

«Mit Ausnahme des Fundamentsockels sind alle Häuser aus Holz konstruiert; sie bieten alles, wessen ein junger Haushalt bedarf, in solider, moderner Ausführung.» Der Auszug aus einer Architekturzeitschrift beschrieb die gerade neu erbaute Wohnkolonie Brendi in Wattwil ganz gut. Was darin noch nicht zu lesen war: Die Bewohner nannten sich später «Brendianer». Und ihre Siedlung, nach amerikanischem Vorbild gebaut und schweizweit als sehr gelungen bekannt, «Negerdörfli».

Zu verdanken war die Brendi Dr. Rudolf Heberlein, dem Kopf der Textilfirma Heberlein. 1941 liess er die Siedlung zwischen einem Ried und der Hauptstrasse Richtung Rickenpass bauen. Die Zeiten waren hart, es musste schnell gehen und möglichst wenig kosten. Innert acht Monaten entstanden 26 identische Häuser, nierenförmig angelegt an einer Einbahnstrasse. Das Erdgeschoss war ausgebaut, den oberen Stock mussten die Käufer selbst gestalten, ebenso die Treppe und den Keller. Welcher Eigentümer welches Haus beziehen konnte, wurde auf dem Personalbüro per Los entschieden.

Die Firma gibt es so nicht mehr, die Brendi aber wohl. Noch immer ist sie ein Wohnquartier. Auf der Wiese im Zentrum, die während des Zweiten Weltkrieges mit Kartoffeln und Getreide bepflanzt worden war, spielen die Kinder der Brendianer seit Jahrzehnten Fussball, die Erwachsenen treffen sich auf einen Schwatz. «Negerdörfli» traut sich heute niemand mehr zu sagen. Man weiss auch nicht mehr, wie der Übername überhaupt entstanden ist – vermutlich hat es mit dem dunklen Schutzanstrich zu tun. Oder aber damit, wie sich ein ehemaliger Handwerker in der Festschrift zum 50-jährigen Quartierjubiläum erinnert, dass «in dieser Siedlung einst sozial eher niedrig eingestufte, schlecht bezahlte Arbeiter wohnten». Das Wort «Brendi» ist etymologisch einfacher zu deuten: Es weist auf einen Ort hin, an dem durch Feuer ein Stück Land gerodet wurde.

Adresse Wohnquartier Brendistrasse, 9630 Wattwil | **Anfahrt** Route 8, auf Rickenstrasse Richtung Rapperswil bis Ortsende fahren, bei Brendimatt links ins Quartier (Achtung, Einbahnstrasse, Geschwindigkeitsbeschränkung) | **Tipp** Ebenfalls im Eiltempo gebaut wurden Ende der 60er Jahre «die drei Hochhäuser», wie man die Siedlung im Ulisbach nennt, auch sie dienten als Wohnraum für Arbeiterfamilien der Textilfirma Heberlein. Die «Talsperre» – auch das ein Übername – liegt an der Churfirstenstrasse. Zu Fuss über Bleikenstrasse circa 15 Minuten.

86_Das Kino Passerelle

Filmreife Kulturförderung

In einem «Comfort»-Sessel zu sitzen ist wie Business Class fliegen: Ein Luxus eigentlich, doch für kurze Zeit vermag er einen aus dem Alltag zu reissen. 21 dieser bequemen Sitzmöglichkeiten sind im unteren Saal des Kino Passerelle mit insgesamt 115 Plätzen installiert, vier im oberen (dort gibt es 50 Plätze). Doch um diese filmreife Bestuhlung soll es hier nicht gehen, das treue Stammpublikum strömt aus anderen Gründen ins Dunkel des Kinosaals, jahraus, jahrein. Weil hier grosses Kino gezeigt wird. Konkret: wenige synchronisierte Mainstream-Filme, dafür umso mehr Studiofilme in Originalversion. Der Ruf, das einzige Arthouse-Kino auf dem Land zu sein, macht die Passerelle-Crew stolz.

Diese schwamm schon immer gegen den Strom. Als 1987 das – letzte Toggenburger – Kino Speer an der Wattwiler Bahnhofstrasse schloss, wäre das einem perfekten Abspann gleichgekommen, einem traurigen zwar, aber keinem ungewöhnlichen: Das Landkinosterben hatte gerade eingesetzt. Doch was tat die Cinéclub-Gruppe, die sich regelmässig zum Filmeschauen getroffen hatte? Lancierte eine Petition und gründete das erste Genossenschaftskino der Deutschschweiz! Auf einer Brache neben der Passerelle unweit vom Bahnhof wurde ein schlichtes Gebäude mit einem kleinen Saal aufgestellt, um filmische Perlen zu zeigen, dazu eine Bartheke, an der man in den Pausen über das Gesehene sprechen könnte.

Regie geführt wird heute noch in gleicher Manier. Das Kinoteam fördert «unabhängig von kommerziellen Überlegungen das Verständnis für den Film als Kunstform», wie auf der Auszeichnungsurkunde der St. Gallischen Kulturstiftung im Entrée zu lesen ist. Wie viele andere Kinos hat auch dieses mit Besucherschwund zu kämpfen. Aufgeben kommt aber nicht in Frage. Das hat sich schon mit dem ersten Film, der am 17. November 1990 im Kino Passarelle lief, manifestiert: Es war Xavier Kollers oscargekröntes Werk «Reise der Hoffnung».

Adresse Kino Passerelle, Austrasse 3, 9630 Wattwil, www.kinopasserelle.ch | **Anfahrt** Vom Bahnhof Wattwil sind es zu Fuss circa 5 Minuten bis zum Kino (Richtung Ebnat-Kappel gehen). | **Tipp** Filmreif inszeniert werden Geschenkartikel, Wohnaccessoires und Koch-utensilien im Labor 79, zu Fuss ungefähr fünf Minuten entfernt (www.labor79.ch).

87 Der Kreuzchenstich-Platz

Der pünktlichste Bahnhof der Schweiz

Kreuze, überall Kreuze. Auf dem Boden vor dem Bahnhof, an den Betonwänden zum Parkhaus und auch an den Bänken beim Busbahnhof. Manche scheinen eher zufällig platziert zu sein, andere bilden Buchstaben und Worte oder Symbole. Mit «Grüezi Wattwil» werden Pendler am Bahnhof Wattwil, dem Hauptort des Toggenburgs, begrüsst. Aber die meisten Passanten schreiten einfach über diesen Gruss hinweg, ohne ihn zu bemerken.

Zufällig allerdings wurden die blauen Kreuze nicht angebracht. Sie sind Teil der Leitmarkierung der Zürcher Firma Feinform Signaletik + Grafik. Ihre Kreuzchen im Asphalt machen sehr wohl Sinn. Die Markierungen sollen an Kreuzstiche von Stickereien erinnern, die einfache Stoffe veredelten. Schliesslich prägten Textilindustrie und Stickereihandwerk einst die ganze Region. In Wattwil insbesondere die Firma Heberlein. Auch der Sitz der Schweizerischen Textilfachschule war lange hier.

Heute ist von dieser Industrie freilich nicht mehr viel übrig geblieben – ausser eben den Kreuzstich-Symbolen am Bahnhof. Textilfabriken mussten schliessen, die ehemaligen Angestellten waren gezwungen, auswärts zu arbeiten. Da passt es gut, dass der Bahnhof Wattwil als der pünktlichste der Schweiz gilt, wie eine Analyse einer Pendlerzeitung ergab. Nur gerade 1,5 Prozent aller Züge fahren mit Verspätung ab. Bei der Schweizerischen Südostbahn SOB hat man dafür eine schlichte Erklärung: Erstens ist die Zugdichte im Toggenburg nicht so gross wie in Ballungsgebieten (wochentags passieren immerhin 199 Züge den Bahnhof, am Wochenende 193). Zweitens fahren nur Personenzüge auf diesem Streckennetz und keine Güterzüge. Und drittens sind im Toggenburg keine internationalen Züge unterwegs. Ist etwa die Pünktlichkeit auch der Grund, weshalb die Pendler keine Zeit finden, die Kreuzchenstiche am Bahnhof zu betrachten? Dann wär's höchste Zeit, mal einen Zug vorbeiziehen zu lassen.

Adresse Bahnhofstrasse 16, 9630 Wattwil | **Anfahrt** Route 16 Wildhaus–Wattwil, bis Bahnhof | **Tipp** Zwischen Ebnat-Kappel und Ganterschwil leben an der Thur mindestens sieben Biber-Populationen. Vor allem in den Monaten Mai bis September kann man sie ab circa 20 Uhr beobachten. Andreas Meyer aus Wattwil bietet Biberführungen und -vorträge an (Tel. 071/9883231).

88 Der Lehrbienenstand

Summ, summ statt bumm, bumm

Welch eifriges Summen uns da empfängt hinter der Burg Iberg oberhalb von Wattwil! Tausende von Bienen suchen sich anhand des Geruchs den Weg zum richtigen Stock – vollgepackt mit Nektar und Pollen. Farbige Holzbrettchen helfen ihnen dabei. Ein Paradies muss es für sie sein, denn ihr Bienenstand steht mitten auf der grünen Wiese. Ganz in der Nähe wachsen Obstbäume, Weisstannen, Weiden und Haselsträucher, und gleich gegenüber befindet sich ein Gebiet, das weder wald- noch landwirtschaftlich genutzt wird. Da gibt es Nahrung zuhauf. Vor ein paar Jahren hätten wir uns hier glatt die Ohren zuhalten müssen: Das Gebäude diente da noch als Schiessstand.

Als dieser stillgelegt wurde, funktionierten 2017 einige Toggenburger Imkervereine das Gebäude für Neu-Imker und die Öffentlichkeit um. Und so wurde das Gelände das neue Zuhause von bis zu 14 ausgewachsenen Bienenvölkern sowie bis zu zehn Jungvölkern. Die Bienen bauen nicht nur die Waben aus und versorgen ihren Nachwuchs, sie sind auch Lehrbienen, anhand derer die Imker bei Führungen oder in Kursen zeigen, wie Bienenvölker gehalten, gepflegt und vermehrt werden. Mario Berweger führt durch die Anlage und erklärt, was Schweizer Kästen, Magazine und Jungvolkkästen sind und wie im modernen Schleuderraum die Honiggewinnung abläuft. «Romantischer wäre es natürlich, wenn man die Kurse bei den Bienenhäusern am Waldrand abhalten könnte», erklärt der Imker.

Die Imkerei, die ihre Hochblüte im Mittelalter in den Klöstern hatte, ist derzeit gross im Gespräch – unter anderem auch durch den Film «More than Honey». Bienen sind tatsächlich sehr spannende Insekten, wie wir von Mario Berweger erfahren. Oder haben Sie etwa gewusst, dass Bienen schlafen und auch träumen können? Dass aus jeder weiblichen Bienenlarve theoretisch eine Königin werden kann? Und dass der Vater einer Biene eigentlich die Grossmutter ist?

Adresse Lehrbienenstand, Schlosswies, 9630 Wattwil, www.lehrbienenstand-toggenburg.ch |
Anfahrt Route 16 Wildhaus bis Wattwil Bahnhof, dann zu Fuss in rund 10 Minuten auf der
Ibergstrasse bis zum Lehrbienenstand | **Öffnungszeiten** Standbesuche auf Anfrage über die
Website lehrbienenstand-toggenburg.ch/standbesuche.html | **Tipp** Wer von Wattwil aus
dem Feldbach durchs Tobel ins Steintal folgt, trifft nach rund einer halben Stunde auf einen
verwunschenen Ort mit einem idyllischen Wasserfall.

89 Die Ruine Iberg

Mit etwas Phantasie ins Disneyland

Die Wattwiler hören es nicht gern. Doch ihr Wahrzeichen, sie nennen es Yburg, ist eigentlich ein Fake. Zumindest der Turm, der von weit her sichtbar ist und einem mit seiner imposanten Erscheinung weismacht, er stamme aus dunklem Mittelalter. Und habe vielleicht auch schon manch eine Schlacht überstanden. Was ganz und gar falsch ist: Er wurde erst 1902 erbaut.

Trotzdem hat die Ruine Iberg eine bewegte Geschichte. Wer ins Innere eintritt, steht wahrscheinlich schon gleich im oder über dem ehemaligen Kerker. In den feuersicheren Gewölben lagerten im 17. Jahrhundert wohl auch die Kirchenschätze, die der Fürstabt des Klosters St. Gallen während des Dreissigjährigen Krieges nach Wattwil bringen liess.

Um das Jahr 1240 erbaut, hat die Burg also manches gesehen. Vor allem Streithähne in Gestalt von Grafen und Äbten. Die Festung Iberg diente dem Kloster ursprünglich zur Kontrolle der Passübergänge, wurde dann aber von einem gewissen Graf Kraft überfallen, worauf der Abt auf der gegenüberliegenden Talseite eine andere Feste aufstellte (heute zeugt noch die Bärenfelsstrasse in Ulisbach davon). Später wurde die Burg von Lehensmännern bewohnt, war Bauern- und Gasthaus und zerfiel schliesslich ganz. Seit 1883 gehört die Ruine der Gemeinde Wattwil. Diese rekonstruierte Teile der Anlage und stellte das Dach des Bergfriedes wieder her. Und installierte Scheinwerfer, die den Turm so richtig schön strahlen lassen und einen glauben lassen … Sie wissen schon.

Ein Imitat also, aber was für eins: Wer sich vor dem Tor stehend ausmalt, wie der Ringgraben ausgesehen haben mag, und seinen Blick über das Tal schweifen lässt, fühlt sich wahrlich wie eine Gräfin oder ein Graf. Dank lustigen Accessoires wie den hohen Fensterchen, einem Treppenhaus und bemalten Läden sowie einer Grillstelle und Spazierbänken ist die Burg heute so etwas wie ein Mini-Disneyland – für Menschen mit Phantasie.

Adresse Burg Iberg, Am Iberg 747, 9630 Wattwil, www.burg-iberg.ch | **Anfahrt** Route 8 Wattwil, auf der Rickenstrasse rechts abbiegen auf Ibergstrasse, bis Parkplatz Ruine Iberg, von dort circa 10 Minuten zu Fuss bis zur Burg | **Öffnungszeiten** 10–19 Uhr, Nov.–März geschlossen | **Tipp** 15 Gehminuten Richtung Wattwil (Wanderweg) liegt das Kloster Santa Maria der Engel. Bis 2010 lebten hier Kapuzinerschwestern, heute ist es eine Wohngemeinschaft für junge Menschen in schwierigen Situationen. Jeweils sonntags ist das Hofcafé von 15 bis 17 Uhr geöffnet (www.fazenda.ch).

90__Die Susann-Müller-Strasse

Das Hausmütterchen der Nation

Unglaublich, aber wahr: An die einst erfolgreiche Susanna Müller (1829–1905) erinnert an ihrem Geburtsort nur noch ein kurzes Wegstück. Immerhin: Es ist die einzige Strasse in Wattwil, die einer Frau gewidmet ist.

Als Tochter eines Kleinbauern musste Susanna Müller Garn spulen, was ihr recht zuwider war. Und an den Webstuhl setzte sie sich nur, weil sie dafür ein wenig Taschengeld bekam, von dem sie sich bei einem Zeitungsverleger Arbeits- und Kochbüchlein kaufen durfte. Zur Schule ging die wissbegierige Susanna, wie damals üblich, nur im Winter. Trotzdem schrieb sie später einen Bestseller – über Hausarbeiten, ausgerechnet! Susanna Müller war für viele Generationen so etwas wie die oberste Hauswirtschaftslehrerin: «Das fleissige Hausmütterchen» hielt sich über 100 Jahre auf dem Markt, wurde dreissig Mal aufgelegt und steht heute noch in vielen Schweizer Küchen. Geschrieben hatte sie es wohl aus Geldmangel, um einen ihrer drei Brüder zu unterstützen – er hatte eine Hand verloren und war aus dem Elternhaus gewiesen worden.

Das Werk war 1860 ein Vorreiter der heutigen Koch- und Ratgeberbücher: Für eine breite Leserschaft geschrieben, war Susanna Müllers Buch etwas, das es so noch nie gegeben hatte. Es enthielt Anleitungen zum Waschen oder Stricken, Ernährungstipps und Rezepte.

Sie lebte bis fast zu ihrem Tod 1905 mit ihrem Bruder in Zürich-Aussersihl, wo sie in den 1860er Jahren hingezogen war, um als Redaktorin für den Verleger Orell Füssli zu arbeiten und eine Pension zu eröffnen. Dort erfand sie den Selbstkocher, eine isolierte Blechtonne, in der Speisen nach dem Vorkochen weitergaren konnten. Dieses Unternehmen war allerdings nicht von Erfolg gekrönt: Ihre Erfindung, die heute etwa beim Militär noch verwendet wird, wurde allenthalben hemmungslos kopiert.

Adresse Susann-Müller-Strasse, 9630 Wattwil | **Anfahrt** vom Bahnhof herkommend (Richtung Lichtensteig) nach St. Galler Kantonalbank links abbiegen | **Tipp** Donnerstags findet nebenan, auf dem Bräkerplatz, jeweils von acht bis zwölf Uhr ein Frischwarenmarkt statt.

91 Das Bräkerhaus

Wo der Schriftsteller einst Ziegen hütete

Was für ein idyllischer Ort! Ulrich Bräker (1735–1798) schrieb darüber: «Mein Vater kaufte ein gross gut – dreyschlatt genannt – inmitten in einer wildnis – damit er für viele kinder platz und arbeit gnug hätte – auch dass er sie in dieser einöde nach seynem willen erziehen könnte, wo sie vor der verführung der zeit sicher wären.» Das Leben im Toggenburg war hart zu Bräkers Zeiten, besonders in der Abgeschiedenheit von Krinau, wo der Schriftsteller Ziegen hütete. Beim Blick hinauf an die steilen Hänge mit den bewaldeten Kreten kann man nur erahnen, was es bedeutet haben muss, Geisshirt zu sein. Heutzutage wartet aber im Haus nicht ein Laubsack, sondern ein weiches Bett. Denn wo Bräker einst mit seiner Familie mehr oder weniger ums Überleben kämpfte, ist jetzt Entspannung angesagt – in der Ferienwohnung im Bräkerhaus.

14 Jahre lebte Bräker im Dreyschlatt, die Schule besuchte er nur im Winter. Mit 20 hatte er genug vom Leben als Knecht und trat in den preussischen Söldnerdienst ein. Nach der ersten Schlacht desertierte er und kehrte ins Toggenburg zurück. In der Wattwiler Hochsteig versuchte er sich im Salpetersieden, im Weben und anderen handwerklichen Tätigkeiten, doch der Bauernsohn fühlte sich zu Höherem bestimmt. Er begann zu schreiben, ganz wie sein grosses Vorbild William Shakespeare. Dessen Theaterstücke übertrug er in die Toggenburger Sprache, und brachte dann sein eigenes Leben auf Papier.

Diese Tagebuchaufzeichnungen – Bräker notierte alles: Wetterverhältnisse, Familienangelegenheiten und die Erfahrungen im Ausland – wurden schon zu seinen Lebzeiten ein Bestseller. Die «Lebensgeschichte und natürliche Abentheuer des armen Mannes im Tockenburg» ist deshalb einzigartig, weil Autodidakt Bräker aus der Sicht des einfachen Mannes berichtete – über die Lebensumstände im Toggenburg und seinen Dienst in der Armee Friedrichs des Grossen.

Adresse Ulrich-Bräker-Haus, Drüschlatt, 9620 Lichtensteig, www.ulrichbraekerhaus.ch | **Anfahrt** Route 16 Wattwil Richtung Lichtensteig, links auf Wilerstrasse, rechts auf Krinaustrasse, an Landi vorbei, links auf Laubegade bis Schaufelberg 192, wo die Familie Ammann wohnt, die das Haus vermietet, von dort noch circa 500 Meter die Strasse hoch | **Öffnungszeiten** Vermietung auf Anfrage unter Tel. 071/9888108 | **Tipp** Man nennt Ulrich Bräker auch «Näppisueli» – den Ueli vom Näppis. Dort, in der Scheftenau zwischen Wattwil und Ebnat-Kappel, steht heute noch sein Geburtshaus – es ist jetzt eine Besenbeiz.

92 Der Panoramablick

Die unglaubliche Weitsicht auf dem Älpli

Wer sagt denn, dass für gute Aussichten schönes Wetter nötig ist? Auf dem Älpli hoch über Krinau muss der Himmel nicht blau sein, wenn man klar sehen will. Im Gegenteil, bei Föhnlage scheinen die Alpen und Voralpen zum Greifen nah, die Silhouetten von Säntis und den sieben Churfirsten wie in den Himmel gezeichnet.

Das Beste: Diese Weitsicht geniessen kann man faul von einer Bank im Garten der Alpwirtschaft Älpli aus, die auf der Hugenalp auf 1.081 Meter über Meer liegt. So ein Luxus allerdings will verdient sein. Zwar könnte man gegen eine Gebühr mit dem Auto den Berg hochfahren. Doch zu Fuss ist erstens die Vorfreude auf das kühle Bier oder das Eingeklemmte (so heissen in der Ostschweiz die Sandwiches) grösser. Und zweitens könnte man dann zum Beispiel gleich den Geoweg wandern. Ein Teilstück dieses – etwas sehr theoretischen – erdgeschichtlichen Erlebnispfads führt von der Kreuzegg über das Älpli nach Krinau, der ehemals kleinsten Gemeinde im Kanton St. Gallen, die heute zu Wattwil gehört. Auf Tafeln wird erklärt, auf welch dramatische Weise die heutige Landschaft und damit auch die Kulisse, die sich hier bietet, entstanden ist.

Wer sich an dem Panorama (das im Übrigen bei gutem Wetter bis zum Bodensee reicht) sattgesehen hat, kegelt draussen eine Runde oder setzt sich in die gemütliche Gaststube. Dort findet man Vorhänge im rot-weissen Karomuster mit Scherenschnittmotiven, Bilder des Männerchors und in Holztafeln geschnitzte Jassregeln an der Wand sowie eine umfangreiche Menükarte: Diese bietet, wie es sich für ein Lokal namens Älpli gehört, vor allem Währschaftes. Also Wurst-Käse-Salat in verschiedenen Varianten, Pantli (eine Rohwurst) mit Brot, Rösti natürlich und Kutteln. Da kann es schnell passieren, dass man sich überisst. Kein Problem: Im Älpli kann man auch übernachten. Und am Morgen danach zuschauen, wie die Sonne über dem Alpstein aufgeht.

Adresse Älpli Krinau, Unteres Älpli, 9622 Krinau, www.aelpli-krinau.ch | **Anfahrt** Route 16 Wattwil–Krinau, links am Gasthaus Rössli vorbeifahren, dann wieder links auf die Älpli-strasse (die Gebühr für die Anreise ab Krinau kostet 10 Franken und kann in der Alpwirt-schaft bezahlt werden) | **Öffnungszeiten** während der Sommermonate, im Winter solange die Zufahrt schneefrei ist | **Tipp** Vor dem Ortseingang Krinau (von Lichtensteig her) geht links ein Strässchen ab zum Bergrestaurant Grube, von wo aus eine ähnlich umwerfende Aussicht auf das Obertoggenburg zu geniessen ist (www.gruben-krinau.ch).

93__ Der Architekturtempel

Herzog & de Meuron auf dem Chäserrugg

Wo beginnen? Auf der Terrasse bei den «Bergchreie», wie die Dohlen im Toggenburg genannt werden, die einem frech die Pommes frites wegstehlen, wenn man nicht aufpasst? Bei den Toiletten im Untergeschoss, die immer wieder zu Diskussionen anregen, weil dort manch einen Orientierungslosigkeit überfällt? Oder in den engen, aber gemütlichen Kojen, die im Berggasthaus Chäserrugg so gelegt sind, dass man beim Kafi Schnaps zum Alpstein rüberschauen kann?

Vielleicht muss man sich auch entfernen, um von diesem Architekturtempel zu reden. Das mit dem Prix Lignum für «zukunftsweisende Bauwerke aus Holz» ausgezeichnete Gebäude ist von Weitem sichtbar – trotz bescheidener Grösse. Strahlt es von innen heraus? Gut möglich. Seine weltberühmten Architekten Jacques Herzog und Pierre de Meuron haben es zumindest verstanden, ein gewisses Lokalkolorit auf den Berg zu bringen – und es so aussehen zu lassen, als ob es schon immer dort gestanden hätte. Errichtet wurde das Meisterwerk, das an drei Seiten offen ist und an der vierten wie eine Erweiterung des Felsens wirkt, 2015 von lokalen Handwerkern mit Tanne und Fichte aus der Region. 500 Gäste könnten sich theoretisch in Gaststube und Saal verköstigen lassen, der Raum kann je nach Anlass flexibel gestaltet werden. Heimelig und kuschelig bleibt es irgendwie immer – das ist dem vielen Holz, mit dem auch das Innere gebaut wurde, zu verdanken.

Auch wenn das Bergrestaurant lokale Spezialitäten auftischt, mit Käse hat der Name des Chäserruggs nichts zu tun: Dieser dürfte sich vom Wort «Kaiser» ableiten. Der östlichste Gipfel der sieben Churfirsten hat wahrlich etwas Majestätisches. Der höchste aber befindet sich nur gerade einen 15-minütigen Aufstieg entfernt: Von der Bergstation Chäserrugg führt ein Weg über den Grat zum Hinterrugg. Von dort aus lässt sich das Kleinod nochmals von einer ganz anderen Seite betrachten.

Adresse Chäserrugg, 9657 Alt St. Johann, www.chaeserrugg.ch | **Anfahrt** Route 16 Wattwil–Unterwasser, Standseilbahn Unterwasser – Iltios, umsteigen in die Luftseilbahn Iltios – Chäserrugg | **Öffnungszeiten** siehe Webseite | **Tipp** Vom modernen Bau zum alten Kloster in Alt St. Johann: Wann es gegründet wurde, ist nicht bekannt. Wohl aber, dass die Mönche im 17. Jahrhundert nach Neu St. Johann umgezogen sind, weil das Klostergebäude abbrannte. Übrig geblieben ist die Klosterkirche, das Propsteigebäude und der Garten. Dieser ist heute ein Schaugarten mit einem Kräuterladen (www.kraeuterfrauen.com).

94__ Der Arvenwald

Der nördlichste der Alpen

Ein Arvenwald im Toggenburg? Den würde man wohl eher im Wallis oder Engadin erwarten. Arven gibt es aber tatsächlich auch bei Wildhaus. Genau genommen ist es kein Wald, es sind nur einzelne Bäume. Um sie zu sehen, muss man etwas Ausdauer haben, stehen sie doch oberhalb von 1.600 Metern. Von Wildhaus Bodenweidli führt eine anfangs noch breite Waldstrasse steil bergauf. Nach dem Vorder-Baholz verengt sie sich zu einem Zickzackweg. Immer wilder wird der Weg, der einen schönen Blick auf die Schofbergwand und den Zehespitz freigibt und durch Lichtungen mit Knabenkräutern, Heidelbeerstauden und Alpenrosen führt. Dann, hinter der Gulmenhütte auf 1.660 Metern, entdeckt man sie, die ersten dieser knorrigen und vom Wind zerzausten Arvenbäume. Stolz stehen sie zwischen den Legeföhren, die fast ehrfurchtsvoll zu ihren Füssen liegen.

Dass in dieser Lage Arven vorkommen, ist so aussergewöhnlich, dass dieses Gebiet seit 2012 ein ausgewiesenes Sonderwaldreservat ist. Es sind die am nördlichsten wachsenden Arvenbäume der Alpen – rund 200 Stück an der Zahl, die auf fünf Teilflächen mit insgesamt 1,43 Hektaren stehen. Man spricht von einem ozeanischen Arvenwald, der ein späteiszeitliches Relikt sei. Dank einer Rohhumus-Auflage können die fünfnadligen Arven sogar auf diesen flachgründigen Nagelfluhböden wachsen.

«Die Arven am Gulmen sind 200 bis 300 Jahre alt, wenn nicht gar älter, und autochthon», erklärt Revierförster Martin Lieberherr, also hier heimisch. «Sie haben an diesem Standort einen jahrtausendelangen Selektionsdruck überstanden.» Weil diese Arven aus genetischer Sicht einmalig sind, sind sie ein naturhistorisches Zeugnis. Das heisst, dass sie nicht abgeholzt werden dürfen, was wohl auch die Vogelwelt am Gulmen freuen dürfte, insbesondere den Tannenhäher. Er liebt die Arvensamen und sorgt mit ihrer Verbreitung dafür, dass die Arvenbäume weiterhin wachsen und gedeihen können.

Adresse Gulmen, 9658 Wildhaus | **Anfahrt** Route 16 Wattwil Richtung Wildhaus, nach 26 Kilometern links abbiegen auf Dorf und weiter auf die Schönenbodenstrasse, dort parken und zu Fuss in rund 3 Stunden auf den Gulmen | **Tipp** Wer sich für Fakten rund um das Thema Energie interessiert, erhält auf dem Energieweg beim Gamplüt überraschende Informationen (rund eine Stunde, leichte Wanderung).

95 Das Bergrestaurant Gamplüt

Mit der Solarbahn auf den Berg

Wie gelangt man am besten wieder nach Wildhaus? Gemächlich über Alpwiesen und Wege auf dem Barfuss-Kneipp-Weg? Entlang dem Strässchen, vielleicht sogar mit einem schnellen Trottinett (die ersten ihrer Art in der Schweiz)? Oder soll man sich noch einmal in die abenteuerliche Gondelbahn setzen? Vielleicht hat man ja aber auch Grösseres vor: Das Bergrestaurant Gamplüt ist so etwas wie das Tor zum Appenzellerland, von hier aus gelangt man zum Rotsteinpass und dem Säntis, zum Hohen Kasten oder zur Staubern.

«Der Gast und die Umwelt»: Peter Koller muss nicht lange überlegen, wenn man ihn fragt, was ihm wichtig sei. Mit seiner Frau Lina zusammen rettete er einst die Bahn und das Restaurant vor dem Abriss. Heute betreiben sie auch das Hotel Panoramazentrum in Wildhaus – inklusive Gruppen- und Seminarhäusern sowie einem Minergiehaus. Denn die Sache mit der Umwelt ist bei Kollers keine leere Worthülse. Die 1.500 Meter lange Gondelbahn von Wildhaus aufs Gamplüt gilt als erste Gondelbahn der Welt, die mit Sonnenenergie betrieben wurde. Diese wird von einer 480 Quadratmeter grossen Photovoltaik-Anlage auf dem Dach des Restaurants erzeugt. Scheint die Sonne nicht genug, springt der Windgenerator ein, der danebensteht. Tatsächlich ist Gamplüt auch im übertragenen Sinn eine Energiesache: Wer hier oben innehält, wird ruhig. Der Name stammt übrigens aus der Rhätierzeit – von «campus» (Platz) und «palude» (Sumpf) – und deutet auf das geschützte Hoch- und Niedermoor hin.

Und wie gelangt man also nach Wildhaus? Vielleicht gar nicht. Vielleicht bleibt man auch einfach hier, wo der Wildhuser Schofberg einen mit seiner Pracht sprachlos macht. Schliesslich kann man auch übernachten, und es kommt noch besser: Fast jedes Wochenende spielt eine andere Blasmusikkapelle oder ein Jodelchörli auf. Denn das liegt dem Hobbytrompeter Peter Koller auch am Herzen: die Musik.

Adresse Bergrestaurant Gamplüt, 9658 Wildhaus, www.gampluet.ch | **Anfahrt** Route 16 Wattwil nach Wildhaus, den Schildern nach Gamplüt Talstation folgen | **Öffnungszeiten** ganzjährig, genaue Zeiten siehe Webseite | **Tipp** Steil und anstrengend ist die Wanderung auf den Wildhuser Schofberg (2.363 Meter über Meer) – aber lohnenswert. Sie dauert von der Alp Gamplüt aus ungefähr 2,5 Stunden.

96 Der Kältesee

Das Sibirien der Ostschweiz

Verwunschen und idyllisch liegt er da: der Gräppelensee oberhalb von Unterwasser. Im Sommer lädt er zu einem erfrischenden Bad ein, im Winter hingegen wagt sich kaum jemand dahin. Ausser Stephan Vogt. Der Erdwissenschaftler und Mitarbeiter von Meteo Schweiz ist stets auf der Suche nach den kältesten Orten der Schweiz und hat nahe beim See eine Messstation aufgebaut. «Die Temperatur kann bei idealen Bedingungen unten in der Senke mehr als 25 Grad tiefer liegen als ausserhalb auf ähnlicher Höhe.» Und siehe da: Im Winter 2016/17 war es an keinem Ort der Schweiz kälter als genau dort. Minus 38,2 Grad hatte Vogt gemessen. Er ist überzeugt, dass es bei idealen Bedingungen noch kälter werden könnte. Wenn die Luftmasse über dem Alpstein kalt und trocken ist, die Nächte klar und windstill sind und der Schnee frisch gefallen ist, rechnet er mit Temperaturen von bis zu minus 45 Grad. Er nennt die Gegend deshalb auch das «neue Sibirien der Ostschweiz».

Ganz so kalt kann es nicht gewesen sein, als sich gegen Ende des Zweiten Weltkrieges oberhalb des Sees ein Drama abspielte, an das eine Gedenktafel mitten auf der Alpweide noch erinnert: Ein englischer Bomber, der von deutschen Jägern und der Schweizer Flugabwehr verfolgt und beschossen wurde, stürzte ab. Von der achtköpfigen Besatzung konnten sich nur zwei Soldaten mit dem Fallschirm retten.

Auch der Teufel soll beim Gräppelensee sein Unwesen getrieben haben. Eine Legende erzählt, dass unter einem Stein ein Schatz verborgen sein soll. Eine junge Frau versuchte ihr Glück. Als sie sich erschöpft auf einem Stein niederliess, glitt dieser wie von Geisterhand weg, und funkelnde Diamanten und Goldstücke lagen vor ihr. Schwefliger Dampf stieg aus der Mulde, und der Teufel erschien. Sie solle den Schatz nur nehmen, hiess er die junge Frau. Sie aber widerstand der Versuchung und lief davon. Fortan schien ein Segen auf allem zu liegen, was sie tat.

Adresse 9658 Wildhaus-Alt St. Johann | **Anfahrt** Route 16 Wattwil bis Alt St. Johann, nach 24,4 Kilometern links abbiegen auf Früeweidstrasse, nach 76 Metern rechts abbiegen auf Chüebodenstrasse und 1,5 Kilometer folgen bis Laui, dort parken und zu Fuss in circa 1 Stunde zum Gräppelensee | **Tipp** Auf Gamplüt oberhalb von Wildhaus beginnt der «Weg des Wassers». Er führt zu den eindrücklichen Thurwasserfällen bei Unterwasser und endet im Kräutergarten des ehemaligen Klosters in Alt St. Johann.

97 _ Der klingende Fels

Musikalische Entdeckungsreise

Es braucht nicht viel, um Musik zu machen – ein Fels und ein paar Löcher genügen, zumindest dem Naturtonmusiker Ferdinand Rauber. Als die erste Etappe des Klangweges in Alt St. Johann in Planung war, spazierte er auf dem Weg von der Bergstation Iltios Richtung Schwendiseen – und fand den perfekten Ort für sein Instrument «Felsentöne». Leicht erhöht vom Weg steht der Felsen aus Gaud-Gestein, einem harten Kalkstein, der oberflächlich mit Sandstein durchzogen ist. Zuerst wurde der Felsen freigelegt, dann bohrte Rauber mit einem Betonbohrer sieben unterschiedlich tiefe Löcher in das Gestein. Sie sind jeweils 30 bis 80 Zentimeter tief, pentatonisch aufeinander abgestimmt, und lassen eine Tonleiter erklingen, sobald man mit der flachen Hand darauf trommelt. Dazu inspirieren liess sich Rauber in den Marmorsteinbrüchen von Carrara.

Aber sein Fels zaubert noch andere Klänge hervor: Die beiden rot markierten Löcher lassen sich zum Beispiel bespielen wie ein Didgeridoo – also nach dem gleichen Prinzip wie jene Instrumente, die von den australischen Aborigines aus von Termiten ausgehöhlten Eukalyptusstämmen entwickelt wurden. «Eigentlich ist es egal, mit welchem Material man das Instrument baut», erklärt Ferdinand Rauber. «Es muss nur die richtigen Masse haben.» Um es am Felsen zu bespielen, stellt man sich vor das Loch, presst die Lippen leicht zusammen und ahmt die Geräusche eines brummenden Motorrads oder Autos nach. Gleich den ganzen Kopf braucht es bei den grossen Löchern am hinteren Felsen: Wenn man hineinsummt, reagieren sie als Resonanzraum.

Nicht nur das «Felsentöne»-Instrument von Ferdinand Rauber ermuntert auf dem Klangweg, eigene Klänge zu produzieren. Inzwischen gibt es insgesamt 27 Klanginstallationen, die zwischen der Alp Sellamatt und Oberdorf entdeckt werden können – und so verheissungsvolle Namen tragen wie Nachklang, Kuhlöckler oder Waldweld.

Adresse Klangweg, 9656 Wildhaus-Alt St. Johann, www.klangwelt.swiss | **Anfahrt** Route 16 Wattwil bis Alt St. Johann, Talstation Sellamatt-Bahn, mit der Bahn zur Bergstation, dann zu Fuss auf dem Klangweg | **Öffnungszeiten** Juni – Okt. | **Tipp** Die Klangschmiede in Alt St. Johann ist ein Experimentierraum, der auch eine Schmiedewerkstatt sowie Ausstellungs- und Kursräume beherbergt, wo man Klang, Resonanz und Brauchtum erleben kann (www.klangwelt.swiss).

98 Die Ostabfahrt

Die schönste Piste

Tempo bolzen und «fadegrad» den Hang hinunterfahren oder chillig durch die Landschaft kurven? Wer im Gebiet Wildhaus-Alt St. Johann-Unterwasser Ski fährt, hat die Qual der Wahl. Über drei Dutzend Abfahrten locken im Winter auf die Piste. Ein Klassiker ist die Ostabfahrt. Um die 5,2 Kilometer lange Piste in Angriff zu nehmen, steigt man in Unterwasser in die Standseilbahn Iltios und dann in die Luftseilbahn bis hinauf auf den Chäserrugg. Zuerst aber unbedingt noch vom Gipfel gucken – den Rundblick auf 2.262 Metern ins Alpstein-Gebiet, auf den Walensee sowie in die Schweizer und Vorarlberger Alpen darf man sich nicht entgehen lassen!

Dann aber nichts wie los. Der Einstieg in die Ostabfahrt ist recht steil und anspruchsvoll. Als schmales Band zieht sich die kupierte Piste durch die Ostwand des Chäserruggs hinunter Richtung Schlachtböden. Von der Wanne geht's weiter zur Plisahütte, durchs Kanonenrohr und dann in grossen Kurven via Hinderrisi unter dem Läugang vorbei, der gelegentlich bei Lawinengefahr für die Sperrung der Ostabfahrt sorgt. Und schon steht man vor dem Risi-Gässli, einem eher engen Couloir, das eine subtile Geschwindigkeitsdosierung erfordert. Beim Espel hat man die Wahl, mit dem Lift für den nächsten Durchgang hochzufahren oder bei gutem Schnee gleich ins Tal hinunterzubrettern.

Die beste Zeit für die Ostabfahrt ist übrigens morgens, wenn die Sonne den Hang bescheint. Ansonsten kann es gut sein, dass es «überschiinig» wird, wie es die Einheimischen nennen: Einerseits liegt dann die Ostabfahrt im Schatten, und andererseits verursachen die umliegenden gleissenden Sonnenhänge ein so diffuses Licht, dass man weder Wellen noch Hügel sieht.

Gut möglich, dass auf der Piste auch mal Simon Ammann, der fliegende Toggenburger, auftaucht: Der vierfache Skisprung-Olympiasieger hat an diesem Hang seine ersten Fahrversuche auf Skiern gemacht – und fährt da noch heute oft hinunter.

Adresse 9658 Wildhaus-Alt St. Johann | **Anfahrt** Route 16 von Wattwil bis Alt St. Johann, nach 24 Kilometern abbiegen auf Früeweidstrasse bis zur Talstation der Iltios-Bahn | **Tipp** Wenn genug Schnee liegt, ist die Galferroute ein weiteres Highlight. Sie führt vom Gamserrugg bis hinunter ins Rheintal nach Grabs. Die unpräparierte, aber markierte Route ist neun Kilometer lang und überwindet 1.600 Höhenmeter.

99 — Die Puppenbühne

Wo Marionetten das Publikum verzaubern

Den Faden verlieren? Als Zuschauer? Kann passieren, doch man findet schnell wieder in die Geschichte zurück. Schliesslich werden auf der Wildhauser Puppenbühne nur die spannendsten Stücke aufgeführt, Klassiker wie Kleists «Der zerbrochene Krug», Filmerfolge wie «Drei Männer im Schnee» und Märchen wie «Aladin und die Wunderlampe» oder «Dornröschen». In den Hauptrollen: stets perfekt gekleidete Marionetten. Die auf wundersame Art und Weise ohne Mimik, aber dank Gefuchtel mit Händen und Füssen, sorgfältig ausgeführten Bewegungen und Stimmen ab Tonband fast lebensecht wirken. Jedenfalls mitreissender als mancher reale Schauspieler.

Den Faden verlieren? Für die Puppenspielerinnen würde das schon heikler werden. Wobei sie ja mehrere Fäden in der Hand halten, zehn sind es pro Marionette, beim Frosch und beim Hahn weniger. Dafür haben die Märchentiere die Fähigkeit zu «sprechen», ihnen wird einfach fingerfertig das Maul aufgerissen.

Seit 1978 gibt es das Puppentheater Wildhaus. Winter für Winter wird im oberen Stock des Rietlistalls jeweils ein Stück für Erwachsene und eines für Kinder aufgeführt. Das alte Holzhaus hat auch von aussen etwas von einem Puppenhaus, wie es im Hang steht und über das Eisfeld zu wachen scheint. Apropos: Es kann im Marionettentheater mangels Zentralheizung während der Proben recht eisig werden. Im Zuschauerraum aber steht ein Elektroofen, dort ist es kuschelig und warm, ausser vielleicht, wenn «Frau Holle» es schneien lässt.

Das Puppentheater war eine Idee eines ehemaligen Kurdirektors. Er wollte den Wintersportgästen etwas Aussergewöhnliches bieten. Die Fäden halten seither Freiwillige in der Hand: Der Verein Puppentheater hat um die 20 aktive Mitglieder, alles Laien, die nicht nur grosse Bühnenkunst bieten, sondern auch die Marionetten mitsamt den Kostümen selbst herstellen, Requisiten bauen und Kuchen für die Pausen backen.

Adresse Puppenbühne Wildhaus, Munzenrietstrasse, 9658 Wildhaus, www.puppenbuehne-wildhaus.ch | **Anfahrt** Route 16 von Wattwil nach Wildhaus, nach dem Hotel Toggenburg rechts auf Munzenrietstrasse, vorbei am Zwinglihaus | **Öffnungszeiten** während des Winters, Vorverkauf: Büro Toggenburg Tourismus, www.toggenburg.org | **Tipp** Wildhaus ist das Curlingzentrum der Ostschweiz – hier muss man einfach mal übers Eis gewischt haben! Der Curlingclub bietet auch Schnupperkurse an (www.ccwildhaus.ch).

100___ Der Rosenboden

Steinbock, Hai und Kuhblume

Ein paar Schritte nur sind es von der Bergstation Chäserrugg zum Rosenboden, und der Rundweg auf der Hochebene ist ein Spaziergang, er dauert ungefähr eine Stunde. Und was für eine Welt sich einem auftut während dieser kurzen Zeit!

40 verschiedene Blumenarten blühen während der Sommermonate, manche davon sind Raritäten, Heilpflanzen oder Zaubermittel. Der hochgiftige Blaue Eisenhut zum Beispiel, bei Harry Potter heisst er Wolfswurz und ist Bestandteil eines Zaubertranks. Oder der Gold-Pippau – für die Toggenburger «Kuhblume», weil er im Tal vom Vieh gefressen wird. Die Weisse Alpen-Anemone, die Kuhschelle genannt wird oder Altmaa – Hippokrates hat die giftigen Anemonen gegen hysterische Angstzustände eingesetzt. Diese Informationen und kleine Geschichten stehen übrigens auf hübschen Tafeln entlang des Weges.

Während man sich in diesem Alpengarten vergnügt, ab und zu einen Blick über das Alpsteinmassiv und dann in die Ferne schweifen lässt (bei schönem Wetter heisst das: auf 500 Gipfel und in sechs Länder!) oder auf den Walensee hinunter, hat man vielleicht plötzlich das Gefühl, nicht allein zu sein. Ist man auch nicht, hier leben unter anderem auch Alpsteinböcke. Abends, wenn es ruhiger geworden ist, steigen sie aus den Steilwänden aufs Plateau hoch, um zu grasen.

Apropos Tiere: Vor 90 Millionen Jahren tummelten sich hier im seichten Tropenmeer Krokodile, Fischsaurier und Schildkröten. Und der Cretoxyrhina, der ausgestorben ist, jedoch Ähnlichkeit mit dem heutigen Weissen Hai hatte. Ein Exemplar muss damals tot auf dem Meeresgrund gelegen haben, sodass sich zwischen seinen Wirbeln Kalk ablagern konnte. Dank der Alpenfaltung wurden diese Fossilien in die Höhe gedrückt – auf den Rosenboden. Nach ihnen zu suchen macht aber keinen Sinn: 2009 wurde die Gesteinsplatte mit Helikopter abtransportiert und ins Naturmuseum St. Gallen gebracht.

Adresse Rosenboden, 9657 Unterwasser | **Anfahrt** Route 16 Wattwil – Alt St. Johann, Standseilbahn Unterwasser – Iltios, umsteigen in die Luftseilbahn Iltios – Chäserrugg | **Tipp** Noch mehr Urzeit gefällig? In der Aula des Berufs- und Weiterbildungszentrums Toggenburg in Wattwil ist ein fünf Meter langes Relief mit Palmfächern ausgestellt (www.bwzt.ch).

101 Die Schanze

Wo Legenden aufeinandertreffen

Drei Schanzen, zwei Sportler, ein Ort: Auf der Kollersweid treffen die beiden berühmtesten Toggenburger Skispringer – zumindest namentlich – aufeinander. Die grösste Schanze in Wildhaus ist nach der Skisprunglegende Walter Steiner benannt. Und die Aufstiegshilfe, also das Förderband, das die Wagemutigen nach oben bringt, heisst «Simis Zauberteppich» – zu Ehren des 40 Jahre jüngeren Olympiasiegers Simon «Simi» Ammann.

Auslöser für den Bau der Sprungschanze waren die Erfolge von Walter Steiner 1972 gewesen – er hatte Olympia-Silber gewonnen und wurde Skiflugweltmeister. Heute lebt «Der Vogelmensch», wie Steiner genannt wurde, in Schweden. Fliegen gelernt hatte der Wildhauser aber in der Hinterschwendi und in Unterwasser auf der legendären Säntisschanze (die es nicht mehr gibt: Das letzte internationale Springen fand 1969 statt). 1977 wurde Steiner zum zweiten Mal Weltmeister, und in Wildhaus wurden die 40-Meter- und eine 30-Meter-Schanze eingeweiht. Beide werden heute noch rege genutzt. Steiner selbst, ein gelernter Holzbildhauer, wurde später Künstler, engagierte sich aber weiter im Skisprungsport und Schanzenbau.

Die 15-Meter-Bubenschanze wurde 2003 für den Nachwuchs gebaut. Also zu einem Zeitpunkt, als einer, der als Bub genau hier fliegen gelernt hatte, schon doppelter Olympiasieger war: Simon Ammann aus Unterwasser hatte bei den Olympischen Spielen in Salt Lake City jeweils auf der Normal- wie auch auf der Grossschanze Gold geholt (was er 2010 in Vancouver wiederholte). Weil er wie ein Zauberer durch die Lüfte geflogen ist, gab man ihm den Übernamen Harry Potter.

Simis Zauberteppich auf der Walter-Steiner-Schanze ist mit 40 Prozent Steigung nicht nur das steilste als Aufstiegshilfe benutzte Förderband der Welt, sondern kann tatsächlich irgendwie zaubern: Seit Sommer 2018 stellen sich die Flieger auf das Band – und schon sind sie oben.

Adresse Sprungschanze Kollersweid, 9658 Wildhaus | **Anfahrt** Route 16 Wattwil–Wildhaus,
nach Hotel Toggenburg rechts auf Munzenriedstrasse, dann auf Eggli | **Tipp** Bourbon und
Blues in den Toggenburger Bergen: Höhenflüge, hoffentlich vor allem musikalischer Art, sind
in der «Chrüter & Choller Bar» zu erleben (www.hirschen-wildhaus.ch).

102 Die Schnittstelle

Wo Zackiges mit Kranz entsteht

Woran erkennt man eine Scherenschneiderin? An der Hornhaut an ihren Fingern! Marianne Schönenberger würde auch ihre Handtasche verraten: Papier und Schere trägt sie stets bei sich, denn ihre Scherenschnitte fertigt sie nicht nur im Wildhauser Befang an. Dort steht das Chalet, das sie als Atelier und Kursraum benutzt, und unweit davon ist sie auf einem Bauernhof aufgewachsen.

Ein heimeliger Ort: Vom Bord des Cheminées schauen selbst getöpferte Zwerge bei der Arbeit zu. Vor dem Fenster, auf der anderen Talseite, ragen die Churfirsten in den Himmel. Die Bergkette dient oft als Motiv, doch Marianne Schönenbergers Spezialität sind eher Geschichten, die sie erzählt, meist schwarz auf weiss und immer mit ein wenig Schalk versehen. Dieser äussert sich in Details, die manchmal erst auf den zweiten Blick sichtbar werden. Zum Beispiel in der Szenerie «Kinderspiel»: Die Jungmannschaft vergnügt sich unter einem Baum mit Seilspringen und Raufen, eine Katze sitzt vor einem Maulwurfhügel. Ein Mädchen verhilft einem anderen auf der Schaukel zu mehr Schwung. Und was tut der freche Bub daneben? Versucht der Anstosserin den Schürzenbändel zu öffnen!

Um sich zu entfalten, faltet die kreative Wildhauserin das Papier nicht: So kann sie mehr Details schneiden. Früher galten für das Handwerk strenge Regeln – ein Scherenschnitt muss an einem Stück hängen, mit einer Schere (und nicht mit einem Messer) geschnitten und vorher von Hand gezeichnet sein. Heute haben sich die «Gesetze» ein bisschen gelockert. Nicht aber in Schönenbergers Schneiderei: Sie hält die Schere stundenlang und dreht das Papier viele, viele Male. Was gar nicht so einfach ist, wie sich herausstellt, wenn man es selbst ausprobiert!

Wie Bauernmaler kennzeichnen übrigens auch Scherenschneider ihre Werke. Marianne Schönenbergers Scherenschnitte haben einen Kranz. Den sie selbstverständlich auch selbst gezeichnet hat.

Adresse Marianne Schönenberger Scherenschnitte, Blumenweg 23a, 9658 Wildhaus, www.scherenschnitte.info | **Anfahrt** Route 16 Wattwil–Wildhaus, nach circa 26 Kilometern links auf Befang abbiegen, geradeaus bis Blumenweg | **Öffnungszeiten** Führungen und Kurse auf Anfrage | **Tipp** Nur wenige Meter entfernt, auf der anderen Seite der Hauptstrasse, befindet sich die Käseakademie, wo man sich während eines Workshops in die Geheimnisse der Käseherstellung einführen lassen und natürlich selbst Käse herstellen kann (www.kaeseakademie.ch).

103 — Der Schönenbodensee

Die Badi mit Erdgeschichte

Das Schilf wiegt sich leise im Wind, ein rhythmisches Paddeln ist zu hören – jemand muss mit dem Peddalo seine Runden auf dem glitzernden See drehen, denn ansonsten ist es ruhig. Ein Käfer kriecht übers Badetuch, und das ist so was von egal, nirgends entspannt man sich besser als an diesem famosen Badeort inmitten einer Bergidylle. Träge blinzelt man also kurz und döst dann weiter.

Der Schönenbodensee hat mit seinem Namensvetter, dem Bodensee, einzig gemein, dass er bei heissen Temperaturen zum Baden einlädt. Seen heissen hier in der Regel so wie die Landschaft, in der sie liegen, das ist beim Schönenbodensee nicht anders. Das Flachmoorgebiet befindet sich am Südfuss des Gulmen und hat im wahrsten Sinne des Wortes eine bewegte Geschichte: Wie der Schwendisee an der gegenüberliegenden Seite des Dorfes entstand er vor ungefähr 14.000 Jahren nach dem Abschmelzen des Gletschers. Wer sich also am Naturbadesee sonnt, liegt in einer Moräne oder plumper: in dem, was vom Gletscher übrig geblieben ist.

Doch das lässt sich sehen. Ja, seine «Badi» liege tatsächlich an einem «schönen Poort», einem schönen Abhang, sagt Bademeister Philipp Kaiser. Seit 2004 sorgt er dafür, dass in der Seebadeanstalt, die zu den ältesten der Schweiz gehört, sich hungrige Gäste an Tischen oder in der Lounge verpflegen können. Mit Essen aus der Region ubrigens. Am Gebäude und an den Umkleidekabinen ist seit dem Bau 1929 – damals für Kurgäste – nichts mehr verändert worden. Nur die Flösse und der Holzsteg wurden erneuert und weitere Unterhaltungsmöglichkeiten aufgestellt: Wer will, spielt nach einem Schwumm im – natürlich trüben – Wasser eine Runde Tischfussball, übt sich im Stand-up-Paddeln oder versucht sich auf der zehn Meter langen Slackline über Wasser zu halten, die über den See gespannt ist.

Mehr Ablenkung ist gar nicht nötig – in diesem schönsten Naturschwimmbad rund um den Säntis.

Adresse Schönenbodensee, 9658 Wildhaus, www.schoenenbodensee.ch | **Anfahrt** Route 16 von Wattwil bis Wildhaus, den Schildern «Gamplüt» und «Schönenbodensee» folgen | **Öffnungszeiten** Juni–Sept. | **Tipp** Lust auf noch mehr Wellness? Das Hotel «Stump's Alpenrose», das sich mit dem Titel «Culinarium-König» schmücken kann, bietet auch externen Gästen ein Entspannungsprogramm an, das von Berghüttensauna bis Sole-Dampfbad reicht (www.stumps-alpenrose.ch).

104_ Der Sortengarten

Alles andere als zwinglianisch

Ein Znacht à la Zwingli könnte so aussehen: Pastinaken und Erbsen, vielleicht ein wenig Mangold, die Stängel leuchten so rot. Und viel Kohl – soll ja besonders gesund sein. Das Ganze angerührt an einer Schalotten-Karotten-Sauce, Knoblauch wächst hier ja auch, und als Stärkebeilage Buchweizen!

Hier reiben sich wohl nicht nur Köche die Augen. Was für eine Vielfalt! Und wie üppig hier alles wächst! Dass ausgerechnet beim grossen Reformator Gourmetmenüs auf dem Tisch gestanden haben sollen, ist nur auf den ersten Blick seltsam. «Zwinglianisch» wird im heutigen Sprachgebrauch zwar mit «lustfeindlich» gleichgesetzt, doch Ulrich Zwingli, der sich später Huldrych nannte und am 1. Januar 1484 in Wildhaus geboren wurde, war zeit seines Lebens ein Geniesser, wie die neusten Biografien aufzeigen. Sein Vater war Gemeindeammann und Bauer, die Familie betrieb Handel mit den Märkten Lichtensteig und Mailand und lebte gut.

Wie gut, auch was die pflanzliche Ernährung angeht, zeigt der Garten, der anlässlich des 500-jährigen Jubiläums der Reformation angelegt wurde. Kraut und Rüben wachsen nur einen Steinwurf von Zwinglis Geburtshaus entfernt (das übrigens als eines der ältesten Holzhäuser der Schweiz gilt). Abgesteckt ist ein kleines Stück auf der Wiese, auf dem eine umso grössere Vielfalt zu sehen ist. Zum Beispiel die schon im 15. Jahrhundert bekannten Getreidearten, wie Emmer, Gerste oder Hafer, und natürlich Gemüse und Kräuter. Fast übersieht man den Lein, der dekorativ über der Abzäunung hängt. Wie auch aus anderen Öl- und Faserpflanzen wurden aus ihm nicht nur Lebensmittel gewonnen, seine Fasern dienten ebenso als wertvoller Rohstoff für Textilien.

Nur eines sucht man vergeblich: Feldkulturen wie Kartoffeln, Mais oder Tomaten. Kolumbus, der diese nach Europa brachte, hatte Amerika noch nicht entdeckt, als Zwingli mit einem Löffel Brei aus der damals üblichen Tischmulde schöpfte.

Adresse Geburtshaus Huldrych Zwingli, Munzenrietstrasse, 9658 Wildhaus | **Anfahrt**
Route 16 Wattwil–Wildhaus, kurz nach dem Ortseingang rechts dem Schild folgen. Der
Garten befindet sich 50 Meter hinter dem Haus. | **Öffnungszeiten** der Garten ist immer
zugänglich, das Haus ist vom 26. Dez.–Ostern und ab Pfingsten–Ende Okt. Di–So
14–16 Uhr geöffnet | **Tipp** Wer jetzt Lust auf Kochen bekommen hat, könnte den Fisch
für sein Menü gleich selbst fangen: Im Bergbadesee Schwendi ist Fischen erlaubt.
Fischerkarten sind beim Tourismusverein Wildhaus erhältlich (www.toggenburg.org).

105 Die Transportseilbahn

Per VW-Käfer-Motor auf die «Tierwis»

Er steht gut geschützt in der Scheune, damit Wind und Wetter ihm nichts anhaben können: der VW-Käfer-Motor. Schliesslich ist er für die Familie Schoop lebensnotwendig. Von ungefähr Ende Mai bis Mitte Oktober leben die Schoops auf 2.085 Metern über Meer, wo sie seit rund zehn Jahren das Berggasthaus «Tierwis» betreiben. Ohne den VW-Käfer-Motor hätten weder sie noch ihre Gäste etwas zu essen.

Der VW-Käfer-Motor ist das Herz der Transportseilbahn. Über einen Transmissionsriemen zieht er eine 150 Kilo schwere Kiste von der Schwägalp über eine Strecke von 1,5 Kilometern mit 700 Höhenmetern nach oben – gefüllt mit allem, was zum Leben gebraucht wird: mit Brennholz, Getränken und Lebensmitteln. «Eine Rotation dauert ungefähr eine halbe Stunde», erklärt Hüttenwartin und Gastgeberin Brigitte Schoop.

Eigentlich gehört die Bahn längst ins Museum, hat sie wahrscheinlich doch schon über 100 Jahre auf dem Buckel. Damit ist sie eine der ältesten, wenn nicht sogar die älteste Transportseilbahn Europas. «Solange sie noch funktioniert, werden wir sie aber behalten», meint Brigitte Schoop. Gebaut wurde sie circa 1902, als ein paar wackere Männer das Material für den Bau des Gasthauses auf den Berg befördern mussten. Das Gasthaus mit Übernachtungsmöglichkeiten sollte die einfache SAC-Hütte von 1873 ergänzen, die den Ansprüchen nicht mehr genügte. Damals brauchten vier Leute noch volle zwei Stunden, um die Kiste hochzuziehen.

Auch heute ist die «Tierwis» mit ihren hübschen rot-weiss bemalten Fensterläden bei schönem Wetter ein beliebtes Ausflugsziel. Aber wie zu ihren Anfängen ist sie nur zu Fuss zu erreichen – entweder von der Schwägalp via Mausefalle und Ellbogen (zwei Stunden) oder von der zweiten Stütze der Säntisbahn (30 Minuten) oder von Unterwasser via Thurwis und Chlingen (3,5 Stunden). Zur Beförderung von Personen ist die Seilbahn nicht zugelassen.

Adresse Berggasthaus Tierwis, 9656 Wildhaus-Alt St. Johann, www.tierwis.ch | **Anfahrt** von Urnäsch bis Schwägalp, dann zu Fuss auf dem Wanderweg in 2 Stunden oder Route 16 von Wattwil bis Unterwasser, nach 24,4 Kilometern links abbiegen auf Chüebodenstrasse, 1,5 Kilometer bis Parkplatz Laui, zu Fuss dem Bergwanderweg (T3) folgen bis Tierwis (3,5 Stunden) | **Öffnungszeiten** ab Juni an schönen Wochenenden, ab Juli–circa Mitte Okt. täglich | **Tipp** Wer noch ein Stück weiterwandert bis auf den Säntis-Gipfel, kann sich neben dem Säntis-Restaurant auch im «Alten Säntis» verpflegen. Dieses Berggasthaus steht bereits seit 1850 auf dem magischen Berg.

106__Die Wildenburg

Geheimnisse einer Ruine

Einen wilden Eindruck macht sie ja nicht gerade, im Gegenteil. Auf dem Weglein zur Wildenburg wird man von gelangweilten Schafen beobachtet, bis Mauern in Sicht kommen, zu denen eine ordentlich angelegte Treppe führt, Feuerholz steht bereit, fein säuberlich gestapelt. Im Innern der Anlage dann eine Grillstelle, Holztisch und Bänke, Abfalleimer und eine brav im Wind flatternde Schweizerfahne.

Erbaut hatten die «Wüldeburg» 1200 die Grafen von Sax, 1313 verkauften sie die Festung an Graf Friedrich IV. Das ist auf der Infotafel zu erfahren oder via QR-Code, den man mit dem Handy scannen kann. Die Siedlung übernahm die Bezeichnung, und heute können sich sowohl Wildhaus als auch die Wildenburg mit Superlativen schmücken: Die Burgruine ist mit ihrer Lage auf 1.118 Metern über Meer die höchstgelegene im Kanton St. Gallen. Das Dorf ist die höchstgelegene Gemeinde im Kanton mit der höchsten Postleitzahl der Schweiz: 9658.

Dass alles ziemlich aufgeräumt wirkt, ist einer Sanierung zu verdanken, die 2013 ihren Abschluss fand. Manche Wildhauser beklagen, dass damit das Geheimnisvolle der Burg verschwunden sei, die seit 1600 nicht mehr bewohnbar war, weil ein Blitz das Holzwerk zerstört haben soll. Wer aber die Augen offen hält, findet viel Spannendes. Zum Beispiel steht die Ruine auf einem Felskopf, der auf drei Seiten steil abfällt. Das ist schon ein bisschen unheimlich – und auch nicht ungefährlich. Unter der Ruine befindet sich ein 100 Meter langer Bunker der Schweizer Armee, die diesen nicht mehr brauchte. Heute vermietet ihn die Gemeinde an eine Privatperson, und noch immer sind zwei verwitterte Zugänge sichtbar.

Und in besonders stürmischen Nächten, so erzählt man sich, seien die Rufe des unglücklichen Burschen zu hören, der es mit einem angeblichen Ungeheuer aufnehmen wollte. «Uftue! Uftue!» – «Öffnen! Öffnen!», tönt es dann aus den Tiefen der Wildenburg.

Adresse Burg 521, 9658 Wildhaus, www.ruinewildenburg.wordpress.com | **Anfahrt** Route 16 Wattwil–Wildhaus, Schildern zum Schönenbodensee folgen, dort parken, zu Fuss dem Strassenverlauf ungefähr 20 Meter folgen, dann rechts die Güterstrasse hinauf bis zum Burgvorplatz | **Tipp** Gar nicht so wild, aber trotzdem abenteuerlich ist ein Ritt auf einem Esel. Der Letzihof, der sich an der Strasse befindet, die vom Schönenbodensee zur Wildenburg führt, bietet Wanderungen mit den Grautieren an (www.esel-wanderungen.ch).

107 — Hinter den sieben Bergen

Mit der Selunbahn in eine Zauberwelt

Natürlich könnte man auch zu Fuss auf die Alp Vorderer Selun wandern. Doch aufregender ist es, in eine Gondel der Selunbahn zu steigen: Sie sieht aus wie eine zu gross geratene Holzkiste – nicht gerade vertrauenerweckend, auch Hartgesottene geraten kurz ins Schwitzen.

Zeit, sich grosse Sorgen zu machen ob diesem Höllengefährt, hat man aber nicht. Denn sitzt man erst mal auf der Bank, geht es auch schon los, in rasendem Tempo, das allerdings muss gesagt sein. Gewaltig ist die Aussicht aufs Tal, und überhaupt: Existiert dieser Lift nicht schon seit über 100 Jahren? Wäre ja gelacht, wenn man feige auf diesen Spass verzichtet hätte. 1911 als Transportbahn für die Alp erbaut, wurde die Seilbahn Selun 1955 erneuert und diente fortan dem Alppersonal als Fortbewegungsmittel den Berg hoch. Die Höhendifferenz beträgt 671 Meter, und hat man die erst mal hinter sich gebracht, macht sich ein ähnliches Gefühl wie nach einer Bahnfahrt im Vergnügungspark breit: Man möchte gleich noch einmal hineinsteigen.

Auch das wäre schade, denn oben ist eine andere Welt, darauf deutet schon der Sagenweg hin, der nur ein paar Gehminuten entfernt verläuft. Ob hier, hinter den sieben Bergen, die sieben Zwerge leben oder gar andere Fabelwesen, darüber kann man in der Alpwirtschaft Wildmannli sinnieren. Und sich vielleicht die Gipfel der Churfirstenkette einprägen – sie liegen ja direkt vor der Nase. Selun, Frümsel, Brisi, Zuestoll, Schibenstoll, Hinterrugg und Chäserrugg. Die Einheimischen zählen sie in umgekehrter Reihenfolge auf und erzählen sich dabei manchmal die Geschichte von Johannes Seluner, dem Findelkind, das 1844 als ungefähr 16-Jähriger aufgegriffen worden war. Dessen Identität wurde nie geklärt. Und die Gerüchte, dass er in der Höhle Wildenmannlisloch gelebt und den Sennen die Milch direkt vom Euter ihrer Kühe weggetrunken hätte, wurden nie bestätigt.

Adresse Alpwirtschaft Wildmannli, www.wildmannli.ch | **Anfahrt** Route 16 Wattwil–Starkenbach, vor dem Restaurant Churfirsten rechts bis zur Station Selunbahn, von der Bergstation 10 Minuten zu Fuss Richtung Wildmannlisloch | **Öffnungszeiten** Juni–Sept. | **Tipp** 15 Wanderminuten Richtung Alp Sellamatt befindet sich die Karsthöhle Wildenmannlisloch, in der einst Bären gelebt haben und – der Sage nach – wilde Männli und wilde Wiibli.

108__ Der Nähstall

Couture in der ehemaligen Kalkbrennerei

Wenn es das Wetter zulässt, ist das Fenster geöffnet und das Rattern der Nähmaschine zu hören. Im Winter aber heizt Katrin Abderhalden den grünen Kachelofen im Nähstall mit Holz ein, gleich als Erstes am Morgen. Wäre ja auch schwierig, mit klammen Fingern Trachten und Kleider zu schneidern.

Es ist noch nicht lange her, dass sie ihr Atelier im umgebauten Hühnerstall neben dem elterlichen Bauernhaus hierherverpflanzt hat. Man vermutet, dass der Nähstall einmal eine Kalkbrennerei gewesen ist. Tatsächlich: Das Gebäude sieht nicht aus wie das typische Toggenburger Tätschhaus, das sich durch ein flaches Holzdach auszeichnet. Katrin Abderhalden spricht von einem «Luxus-Arbeitsplatz», an dem sie oft einen Heuduft in der Nase hat und es manchmal nach Kräutern riecht, die im Garten wachsen.

Die gelernte Schneiderin machte sich 2014 selbstständig. Und nähte zunächst fast nur Trachten. Auch heute gehören Rock, Bluse oder Chüelihemd zu ihrem Kerngeschäft – meistens schneidert sie Toggenburger Trachten, seltener Appenzeller –, doch nur noch etwa zur Hälfte. Genauso aufwendig sind die Mäntel, Abendkleider oder Jacken, die sie anfertigt. Mit Unterstützung jetzt: Mitarbeiterin Lea Schöndorfer winkt aus dem Zuschneidezimmer, und wenn es mal brennt, springt Mutter Anni ein. Wer im Nähstall ein Kleid anfertigen lassen will, kann sich von der Qualität der Kleider gleich selbst überzeugen: Katrin Abderhalden trägt nur Selbstangefertigtes. Nicht etwa um Werbung zu machen, sondern weil sie sich so wohler fühlt.

Wenn die Nähmaschine ruht (zum Beispiel wenn sie Schnittmuster zeichnet oder einen Saum absteckt), ist Jodelmusik zu hören. Manchmal summt Katrin Abderhalden mit – immerhin ist sie Vorjodlerin im Churfirstenchörli Alt St. Johann-Unterwasser. Und braucht sie eine Pause, schnallt sie sich die Langlaufskis an. Die Loipe führt hinter dem Nähstall vorbei.

Adresse Nähstall, Starkenbach 27, 9656 Alt St. Johann, www.naehstall.ch | **Anfahrt** Route 16 Wattwil–Starkenbach, vor dem Restaurant Churfirsten links | **Öffnungszeiten** Di, Mi 13.30–17.30 Uhr | **Tipp** Wer Hunde liebt, überquert die Hauptstrasse und geht ein paar Schritte: Mit den Huskys von Huskystuff lässt sich immer etwas unternehmen, eine Schlittentour im Winter oder ein Lauf mit Trainingswagen im Sommer (www.huskystuff.ch).

109__ Die Bloderkäserei

Ausgezeichnete Spezialität

Ein bisschen langweilig sieht er schon aus, und fad dazu: Der Bloderchäs ist eine blasse Schönheit. Doch wie Äusserlichkeiten täuschen können! Richtig eingesetzt ist der Frischkäse eine Delikatesse (eine gesunde dazu).

Bloderchäs darf man ihn bis zum 21. Reifetag nennen. Nach 60 Tagen heisst er Surchäs und hat eine gelbliche, weiche Rinde. Seinen lustig klingenden Namen besitzt er, weil die Toggenburger die von selbst geronnene Milch als Bloder bezeichnen. Die Produktion gilt als die ursprünglichste Art, Käse zu machen – nämlich ohne Lab. Der Verein Sauerkäse-Bloderkäse glaubt, dass die Sauerkäserei von nomadisierenden Völkern ins Toggenburg und Rheintal gebracht worden ist.

Surchäs isst man eher im Rheintal. Im Toggenburg aber ist Bloderchäs – neben dem Schlorzifladen – wohl die bekannteste Spezialität. Und damit sind wir bei der Käserei Stofel, bei der es den vielleicht besten gibt. Das lassen die vielen Auszeichnungen vermuten, die im Laden an der Hauptstrasse nach Wildhaus stehen – bei den Swiss Cheese Awards holen sich Marianne und Thomas Stadelmann seit 2012 regelmässig den ersten Rang. «Bloderchäs aus der Käserei unterscheidet sich von jenem von der Alp», erklärt sich Stadelmann. Er versuche, ihn mild zu käsen. Spitzbübisch fügt er hinzu: «Ich mache meinen Bloderchäs Zürich-tauglich.» Wichtiger als all die Preise ist ihm jedoch, dass das Traditionsprodukt Bloderchäs weiter besteht. «Man kann ihn zum Beispiel anstelle von Feta einsetzen, etwa im Salat. Und weil er nahezu fettfrei ist, darf dann dafür die Sauce ein bisschen mastiger sein.»

Wer das Pech hat, an einem Abend oder am Sonntag beim Stofel vorbeizukommen, steht zwar vor verschlossener Türe, muss aber nicht ohne Bloderchäs abziehen: Im Käseautomaten liegen verschiedene Käse und laktosefreier Joghurt. Auch das hat übrigens einen guten Ruf: Manche sagen, es sei das beste im Tal.

Adresse Käserei Stofel, Stofel 872, 9657 Unterwasser, www.kaesereistofel.ch | **Anfahrt**
Route 16 Wattwil – Unterwasser, am Ende des Dorfes links | **Öffnungszeiten** Mo – Fr
7.30 – 12 und 14 – 18.30 Uhr, Sa 7.30 – 12 und 14 – 16 Uhr, Mittwochnachmittag ge-
schlossen | **Tipp** Die Murer Metzgerei & Spar Supermarkt in Unterwasser ist eines von
vielen Lokalen, die «Altmaa Bitter» verkaufen: Der an ein Familienrezept angelehnte
Kräuterlikör schmeckt immer, aber besonders nach einem schweren Essen (www.altmaa.ch).

110 Die Handstickmaschine

Modern Times im Bauernhaus

An die 20.000 Handstickmaschinen gab es einmal in der Schweiz! Das ist einfach zu erklären: Allein im Toggenburg lebte fast jeder zweite Haushalt unter anderem davon, Tücher zu besticken. Heute stehen die Maschinen in Museen. Oder sie wurden verschrottet. Monika Bollhalder ist eine von nur wenigen in der Schweiz, die das Handwerk noch beherrschen. Vor fast 40 Jahren, zu einer Zeit, als das Metier schon fast ausgestorben war, hat sie auf Anraten ihres Vaters sticken gelernt.

Ihre Handstickmaschine mit Jahrgang 1908 wurde 1981 in das Sticklokal in ihrem Bauernhaus am Südhang von Unterwasser eingebaut, zusammen mit der viel kleineren Einfädelmaschine. Monika Bollhalder führte erst Auftragsarbeiten für eine Textilfirma aus und durfte dann die Maschine behalten. Diese füllt fast den ganzen Raum aus, immerhin können damit gleichzeitig 104 Taschentücher oder Stoffe für Glückwunschkärtchen bestickt werden. So wie sie ihre Nadelwagen ausfährt – wenn die Stickerin die Pedale drückt und mit einem sogenannten Pantografen die Linien des Musters nachzeichnet –, bekommt sie etwas Monströses, fast Bedrohliches.

Das regelmässige Klappern erinnert an Charlie Chaplins «Modern Times», daran denken muss man, weil das Filmplakat am Täfer hängt. Überhaupt scheinen die Wände das Leben der Hausbewohnerin zu erzählen: Dutzende von Medaillen, die Monika Bollhalder gewonnen hat (sie war eine erfolgreiche Sportschützin), zieren eine ganze Wand. Auf der anderen Seite hängen Bilder von Fliegenpilzen, vom Alpstein, von Katzen (ihre eigene spielt manchmal mit den Fäden, die von der Maschine herunterhängen). Die Handstickerin war auch Strahlerin, ihre Kristallsammlung zeugt von dieser Zeit, und sie schreibt seit 1970 jeden Tag auf, wie das Wetter war. Bei aussergewöhnlichen Verhältnissen schiesst sie jeweils ein Foto, bevor sie sich wieder an die Handstickmaschine setzt.

Adresse Büchel, 9657 Unterwasser | **Anfahrt** Route 16 Wattwil–Unterwasser, am Ende des Dorfes nach der Käserei Stofel links hinauf | **Öffnungszeiten** bei Voranmeldung (Tel. 071/9992083) | **Tipp** Wenn man schon mal hier oben ist, muss man kurz auf die andere Talseite wechseln: In der Gade Lodge gibt es famoses Essen und gemütliche Zimmer für alle, die bleiben wollen (www.gadelodge.ch).

111_ Der Zeltainer

Der Gipfel der Kleinkunst

Zeltspitzen ragen in den Himmel, als ob sie mit den entfernten Gipfeln des Alpsteins konkurrieren wollten: Der Zeltainer bei der Talstation der Iltiosbahn ist eine imposante Erscheinung. Die Kleinbühne heisst so, weil sie einerseits aus einem Zelt besteht, andererseits aus vier Containern, die als Kassenhäuschen, Aussen- und Innenbar sowie als Bühne fungieren. Auf dem Boden liegen Holzspäne, auf den Stühlen Kissen, und überhaupt lädt das Ganze zum Verweilen ein. Man wurde ja auch herzlich willkommen geheissen: Border Collie Warik begrüsst jeden Besucher vor der Vorstellung wedelnd, grad wie ein Zirkusdirektor. Die rund 50 Aufführungen finden nur während der Sommermonate statt.

In dieser magischen Welt macht das geflügelte Wort «Bretter, die die Welt bedeuten» richtig Sinn: «Wer hier einmal aufgetreten ist, will wiederkommen», bestätigt Martin «Zeltino» Sailer relativ unbescheiden. Er betreibt die Kleinbühne, allein. 2003 hatte er die vier Frachtcontainer vor dem Verschrotten bewahrt – sie waren Teil einer Wanderausstellung zum 200-jährigen Kantonsjubiläum von St. Gallen. Im Winter, wenn keine Vorstellungen stattfinden, stellt der ehemalige Countrymusiker und Kantonsrat Spielzeuge für Hunde und Katzen her.

Martin Sailer lädt nur Künstler ein, die ihm gefallen, Comedians, klassische Kabarettisten und Musiker. «Ich habe einen Otto-Normalverbraucher-Humor», sagt er, «deshalb funktioniert das so gut.» Tatsächlich kehren nebst dem Appenzeller Kabarettisten Simon Enzler – «der Pate des Theaters, er war der Erste, der im Zeltainer aufgetreten ist» – auch andere Kleinkünstler aus der Schweiz und dem Ausland immer wieder zurück. Obwohl die Bühne relativ klein ist und es ein «Backstage» eigentlich gar nicht gibt: Die Garderobe befindet sich in einem Wagen neben dem Zuschauerraum, und am Ende der Vorstellung treffen sich Künstler und Besucher auf einen Drink an der Bar.

Adresse Früeweidstrasse 1061, 9657 Unterwasser, www.zeltainer.ch | **Anfahrt** Route 16 Wattwil–Unterwasser, rechts zur Talstation Iltios | **Öffnungszeiten** April–Sept. | **Tipp** Für Wanderer mit guter Kondition: Der Toggenburger Höhenweg mit sechs Etappen ist 88 Kilometer lang und führt von Wildhaus nach Wil (www.wegwandern.ch, Route 48).

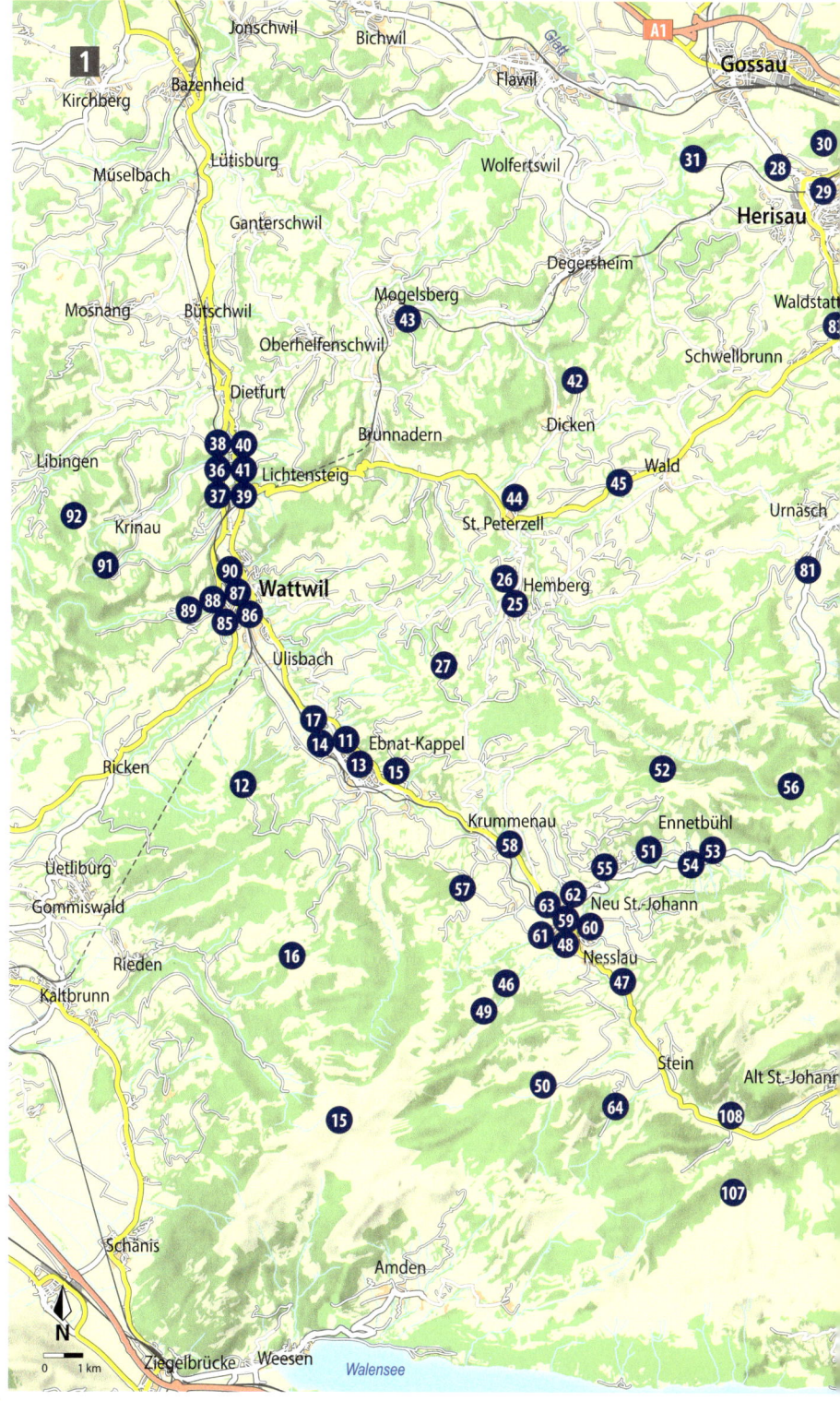

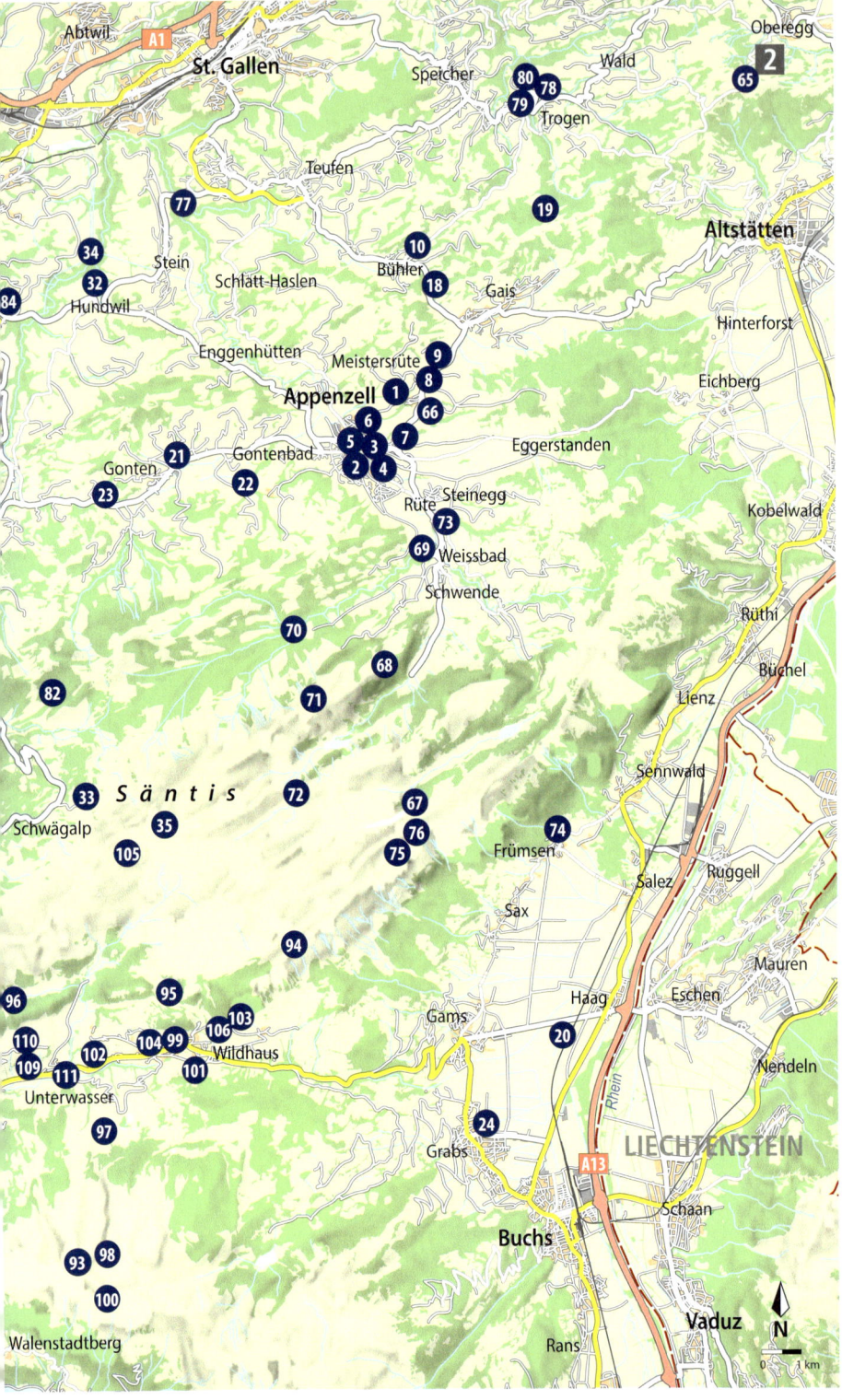

Silvia Schaub
111 Orte im Engadin, die man gesehen haben muss
ISBN 978-3-7408-0115-1

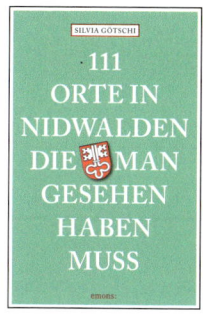

Silvia Götschi
111 Orte in Nidwalden, die man gesehen haben muss
ISBN 978-3-7408-0566-1

Sonja Muhlert, Adrian Künzi
111 Orte in und um Biel/Bienne, die man gesehen haben muss
ISBN 978-3-7408-0340-7

Corinne Päper, Georg Holubec
111 Orte in Winterthur, die man gesehen haben muss
ISBN 978-3-7408-0237-0

Monika Mansour
111 mystische Orte in der Schweiz, die man gesehen haben muss
ISBN 978-3-7408-0139-7

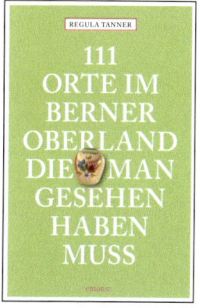

Regula Tanner
111 Orte im Berner Oberland, die man gesehen haben muss
ISBN 978-3-7408-0124-3

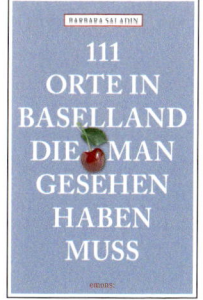

Barbara Saladin
111 Orte in Baselland, die man gesehen haben muss
ISBN 978-3-7408-0122-9

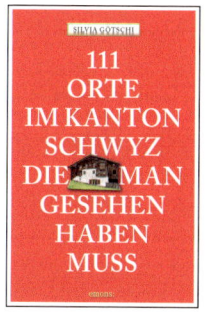

Silvia Götschi
111 Orte im Kanton Schwyz, die man gesehen haben muss
ISBN 978-3-7408-0116-8

Marcus X. Schmid, Michel Riethmann
111 Orte in Luzern und rund um den Vierwaldstättersee, die man gesehen haben muss
ISBN 978-3-95451-917-0

Uwe Ramlow
111 Orte im Tessin, die man gesehen haben muss
ISBN 978-3-95451-840-1

Mercedes Korzeniowski-Kneule
111 Orte in Basel, die man gesehen haben muss
ISBN 978-3-95451-702-2

Oliver Schröter, Falk Saalbach
111 Orte in Zürich, die man gesehen haben muss
ISBN 978-3-95451-538-7

Cornelia Lohs
111 Orte in Bern, die man gesehen haben muss
ISBN 978-3-95451-669-8

Ursula Kahi
111 Orte im Aargau, die man gesehen haben muss
ISBN 978-3-95451-537-0

Christian Löhden
111 Orte in Graubünden, die man gesehen haben muss
ISBN 978-3-95451-514-1

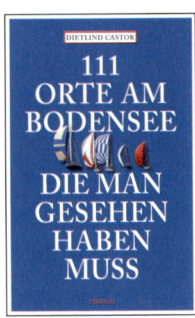

Dietlind Castor
111 Orte am Bodensee, die man gesehen haben muss
ISBN 978-3-95451-063-4

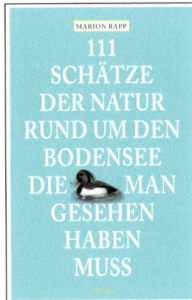

Marion Rapp
111 Schätze der Natur rund um den Bodensee, die man gesehen haben muss
ISBN 978-3-95451-619-3

Robert Preis, Niki Schreinlechner
111 schaurige Orte in der Steiermark, die man gesehen haben muss
ISBN 978-3-7408-0445-9

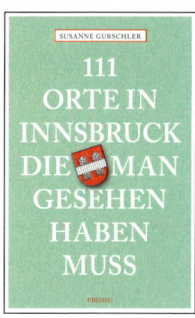

Susanne Gurschler
111 Orte in Innsbruck, die man gesehen haben muss
ISBN 978-3-7408-0343-8

Erwin Uhrmann,
Johanna Uhrmann
111 Orte im Waldviertel, die man gesehen haben muss
ISBN 978-3-7408-0346-9

Rüdiger Liedtke
111 Orte in München, die man gesehen haben muss
ISBN 978-3-89705-892-7

Rüdiger Liedtke
111 Orte in München, die man gesehen haben muss, Band 2
ISBN 978-3-95451-043-6

Cornelia Ziegler
111 Orte rund um München, die man gesehen haben muss
ISBN 978-3-7408-0437-4

Cornelia Ziegler
111 Orte im Allgäu, die man gesehen haben muss
ISBN 978-3-95451-343-7

Ottmar Neuburger,
Lisa Graf-Riemann
111 Orte im Berchtesgadener Land, die man gesehen haben muss
ISBN 978-3-89705-961-0

Kerstin Söder
111 Orte im Fränkischen Seenland, die man gesehen haben muss
ISBN 978-3-95451-492-2

Marko Roeske
111 Orte im Bayerischen Wald, die man gesehen haben muss
ISBN 978-3-95451-328-4

Julia Lorenzer, Fabian Marcher
111 Orte in Rosenheim und im Inntal, die man gesehen haben muss
ISBN 978-3-95451-735-0

Gregor Nagler
111 Orte in Augsburg, die man gesehen haben muss
ISBN 978-3-95451-598-1

Jochen Reiss
111 Orte im Fünfseenland, die man gesehen haben muss
ISBN 978-3-95451-851-7

Astrid Süßmuth
111 Orte im Werdenfelser Land, die man gesehen haben muss
ISBN 978-3-7408-0118-2

Ottmar Neuburger,
Lisa Graf-Riemann
111 Orte vom Wilden Kaiser bis zum Dachstein, die man gesehen haben muss
ISBN 978-3-7408-0138-0

Dorothea Steinbacher
111 Orte im Chiemgau und im Rupertiwinkel, die man gesehen haben muss
ISBN 978-3-7408-0131-1

Christine Hochreiter, Frank Klein
111 Orte in und um Passau, die man gesehen haben muss
ISBN 978-3-7408-0429-9

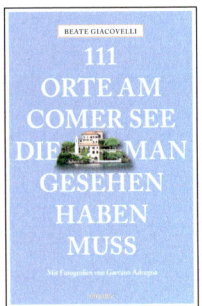

Beate Giacovelli,
Gaetano Adragna
111 Orte am Comer See, die man gesehen haben muss
ISBN 978-3-95451-833-3

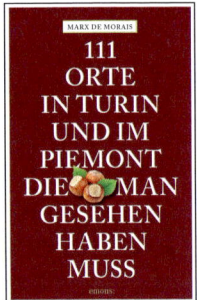

Marx de Morais
111 Orte in Turin und im Piemont, die man gesehen haben muss
ISBN 978-3-95451-736-7

Maurizio Francesconi,
Alessandro Martini
**111 Orte in Langhe, Roero und
Monferrato, die man gesehen
haben muss**
ISBN 978-3-7408-0474-9

Giulia Castelli Gattinara,
Mario Verin
**111 Orte in Mailand, die
man gesehen haben muss**
ISBN 978-3-95451-617-9

Gerd Wolfgang Sievers
**111 Orte in Venedig, die
man gesehen haben muss**
ISBN 978-3-95451-352-9

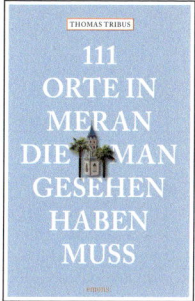

Thomas Tribus
**111 Orte in Meran, die
man gesehen haben muss**
ISBN 978-3-7408-0443-5

Franz Hlavac, Gisela Hopfmüller
**111 Orte in Friaul und Julisch
Venetien, die man gesehen
haben muss**
ISBN 978-3-7408-0575-3

Monika Schmitz
**111 Orte im Lungau, die
man gesehen haben muss**
ISBN 978-3-7408-0573-9

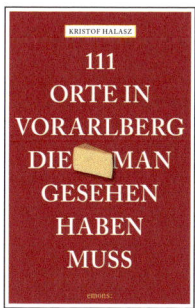

Kristof Halasz
**111 Orte in Vorarlberg, die
man gesehen haben muss**
ISBN 978-3-7408-0568-5

Erwin Uhrmann,
Johanna Uhrmann
**111 Orte in der Wachau, die
man gesehen haben muss**
ISBN 978-3-7408-0565-4

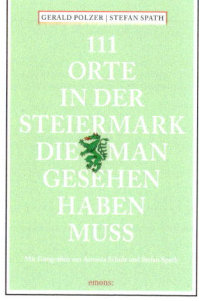

Gerald Polzer, Stefan Spath,
Antonia Schulz
**111 Orte in der Steiermark, die
man gesehen haben muss**
ISBN 978-3-7408-0140-3

Gerald Polzer, Stefan Spath
111 Orte in Oberösterreich, die man gesehen haben muss
ISBN 978-3-95451-857-9

Susanne Gurschler
111 Orte in Tirol, die man gesehen haben muss
ISBN 978-3-95451-834-0

Andrea Nagele, Marion Assam, Martin Assam
111 Orte in Klagenfurt und am Wörthersee, die man gesehen haben muss
ISBN 978-3-95451-591-2

Gerald Polzer, Stefan Spath
111 Orte in Graz, die man gesehen haben muss
ISBN 978-3-95451-466-3

Gerald Polzer, Stefan Spath, Pia Claudia Odorizzi
111 Orte im Salzkammergut, die man gesehen haben muss
ISBN 978-3-95451-231-7

Karl Haimel, Peter Eickhoff
111 Orte in Wien, die man gesehen haben muss
ISBN 978-3-89705-969-6

Lust auf mehr? Laden Sie sich die »LChoice«-App runter, scannen Sie den QR-Code und bestellen Sie weitere Bücher direkt in Ihrer Buchhandlung.

Hier bestellen

Die Autorinnen

Nina Kobelt ist in Wattwil im Toggenburg aufgewachsen. Den Säntis, den sie immer wieder vor Augen hatte, nahm sie in Gedanken mit, als sie das Toggenburg zwanzigjährig verliess. Ihr liebstes Hobby ist Reisen, auch immer wieder in die alte Heimat. Sie arbeitet heute als Journalistin in Bern.

Silvia Schaub, in Zürich geboren, ist diplomierte Übersetzerin und Journalistin. Sie lebt und arbeitet als freie Journalistin und Autorin im Kanton Aargau und im Toggenburg. Sie veröffentlichte bereits «111 Orte im Engadin, die man gesehen haben muss».

Textnachweis:

Nina Kobelt:
1, 6, 8, 10, 11, 13, 15, 17, 20, 23, 24, 25, 26, 27, 28, 36, 37, 39, 40, 41, 42, 44, 47, 50, 57, 58, 59, 60, 65, 66, 67, 73, 75, 76, 79, 85, 86, 89, 90, 91, 92, 93, 95, 99, 100, 101, 102, 103, 104, 106, 107, 108, 109, 110, 111

Silvia Schaub:
2, 3, 4, 5, 7, 9, 12, 14, 16, 18, 19, 21, 22, 29, 30, 31, 32, 33, 34, 35, 38, 43, 45, 46, 48, 49, 51, 52, 53, 54, 55, 56, 61, 62, 63, 64, 68, 69, 70, 71, 72, 74, 77, 78, 80, 81, 82, 83, 84, 87, 88, 94, 96, 97, 98, 105